AUGUSTE GAUVAIN

# L'AFFAIRE GRECQUE

ÉDITIONS BOSSARD
PARIS

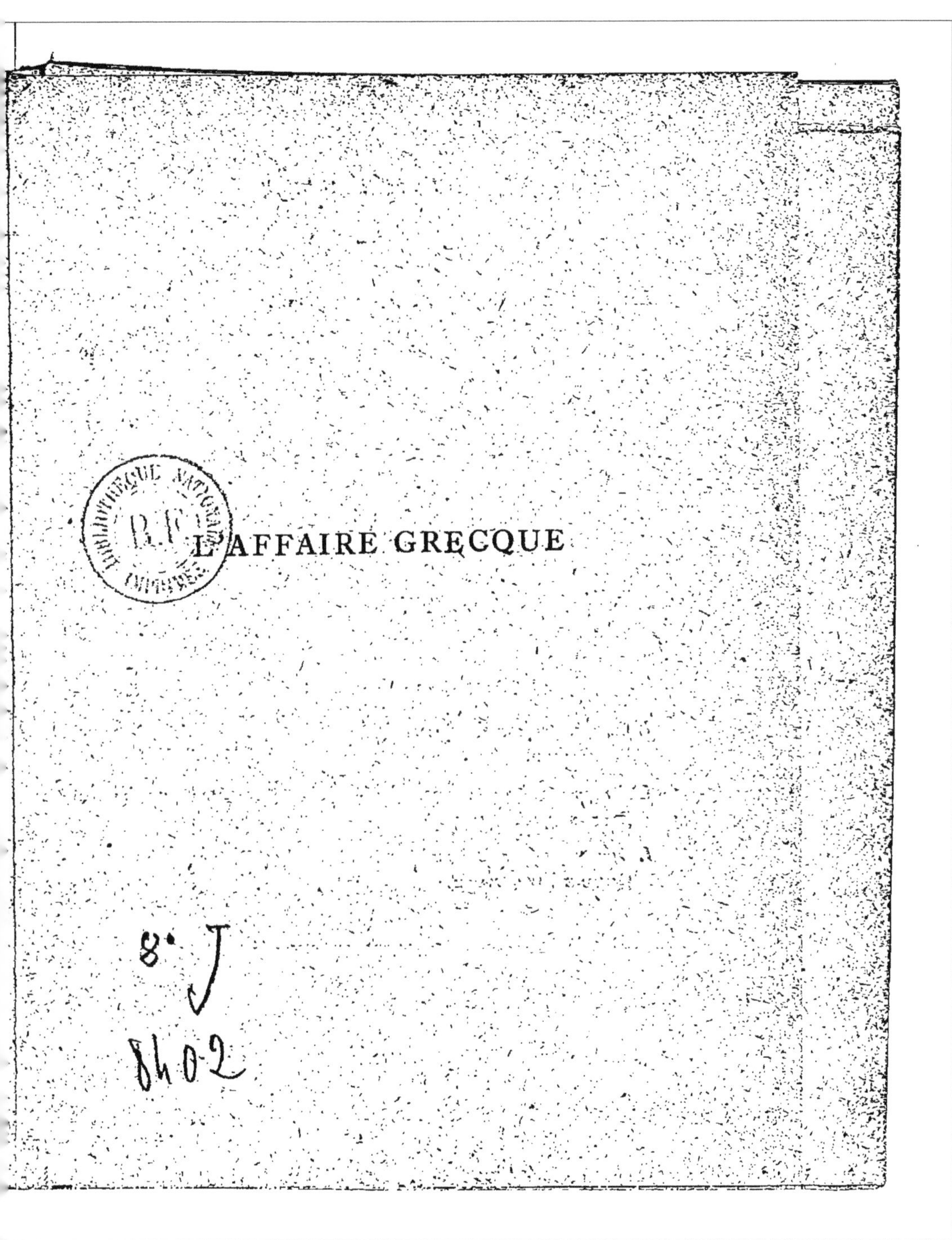


# L'AFFAIRE GRECQUE

# L'AFFAIRE GRECQUE

ÉDITIONS BOSSARD

43, RUE MADAME, 43

PARIS

1918

# L'AFFAIRE GRECQUE

Le grand conflit entre la Grèce absolutiste et la Grèce constitutionnelle, entre l'influence des deux empires centraux et celle des trois puissances protectrices du royaume confié par elles en 1863 au prince Guillaume de Danemark, devenu roi des Hellènes sous le nom de Georges I^er, a été tranché en juin 1917 conformément au droit, aux vœux de l'Hellade, et aux intérêts de la civilisation gréco-latine. Mais, pendant plus de deux ans, il a mis en échec la politique des Alliés en Orient. Il a pesé non seulement sur les affaires grecques, mais encore sur toutes les combinaisons européennes depuis le mois de mars 1915 jusqu'à maintenant. Il a paralysé la Roumanie durant une période critique et facilité l'écrasement de la

Serbie. Il a permis à la Bulgarie de jouer dans les Balkans un rôle décisif. Il est donc de première importance, même après sa solution, de rechercher comment il a pu s'engager et se développer. Quoique les enseignements du passé soient rarement pris en considération par les hommes dirigeants, l'historien ne doit jamais se lasser d'exposer les événements d'où le présent est sorti.

*Novembre* 1917.

# I

## Le traité de Bucarest
## et la Triple Entente.

L A tournure déplorable prise par les affaires grecques à la fin de l'année dernière est la conséquence de la mauvaise politique suivie par la Triple Entente dans les Balkans depuis le commencement de la guerre européenne. Les erreurs commises à cette époque par les Cabinets de Paris, de Londres et de Pétrograd ont été nombreuses et lourdes. Elles peuvent se ramener à deux. En premier lieu les gouvernements des trois États alliés ont méconnu le caractère du grand conflit qui venait d'éclater et négligé les moyens de le résoudre conformément à leurs véritables intérêts. Puis ils ont apprécié au rebours de la réalité les intentions de la Turquie d'abord, de la Bulgarie ensuite.

Les ministres qui dirigeaient les affaires étrangères en France, en Angleterre et en Russie dans la seconde moitié de 1914 étaient tous trois des hommes possédant une longue expérience. Au cours de leur carrière, ils avaient eu à régler maintes affaires de première importance. Ils se connaissaient personnellement, entretenaient des relations de confiance et pouvaient facilement se concerter. Ils étaient représentés les uns chez les autres par des ambassadeurs qui servaient loyalement leur politique. Toutes les conditions semblaient réunies pour leur permettre de conduire la diplomatie de la Triple Entente d'une main ferme et sûre. Ils donnèrent tout d'abord une preuve de clairvoyance en signant le pacte du 5 septembre 1914 qui solidarisait les trois États pendant la guerre et pour la paix. Malheureusement, en ce qui concerne les Balkans, ils pensèrent et agirent à la Metternich. Absorbés par l'idée de la raison d'État, plus préoccupés de la fin de la guerre que des moyens logiques de la finir, considérant plutôt les cartes de

géographie que la volonté des peuples, ils se
mirent à poursuivre des solutions fondées sur
des répartitions arbitraires de territoires. Ils
s'imaginèrent qu'en découpant en lanières les
provinces macédoniennes et en remaniant de
fond en comble le traité de Bucarest du
10 août 1913, ils parviendraient à satisfaire
tous les États balkaniques et à les grouper
pour une action commune contre nos ennemis
communs.

En cherchant à démolir le traité de Bucarest,
M. Delcassé, Sir Edward Grey et M. Sazonof
allaient à l'encontre de la moralité politique élé-
mentaire. De plus ils usurpaient un rôle qui ne
leur revenait point. Le traité de Bucarest était
la juste sanction de l'attaque brusquée de la
Bulgarie contre la Serbie et la Grèce à la fin de
juin 1913. Il ne contenait certes aucune clause
plus dure pour la Bulgarie que les sanctions
projetées par les trois ministres contre l'Austro-
Allemagne en raison de son attaque brusquée
d'août 1914. Il donnait à la Bulgarie plus qu'il
ne lui prenait. A part le morceau de Dobroudja
cédé à la Roumanie, il ne lui enlevait que des
espérances. Ces espérances étaient grandes, il
est vrai. Mais elles tendaient à l'établissement

de l'hégémonie bulgare sur la péninsule. Il
n'était en aucun cas de l'intérêt bien entendu
de la France, de l'Angleterre ou de la Russie de
les encourager ou de les réveiller. L'intérêt
commun de ces trois puissances dans les Balkans
était d'interposer la Serbie et la Grèce d'une
part, la Roumanie d'autre part, entre la Germanie et la mer Égée de sorte que l'Allemagne
ne devînt pas maîtresse des routes de l'Orient.
La création d'une Grande-Bulgarie, rivale dé-
clarée de la Roumanie, de la Serbie et de la
Grèce, mettait en péril notre influence du Da-
nube au golfe Persique. Les arguments histo-
riques et linguistiques invoqués par les Bulgares à l'appui de leur thèse ne suffisaient pas
à nous faire approuver des desseins contraires
à notre intérêt.

D'ailleurs ces arguments étaient spécieux.
Ils ressemblaient de très près à ceux de l'Allemagne pour justifier ses prétentions à l'expan-
sion. Les régions revendiquées par les agents
bulgares comme ayant appartenu à l'empire
bulgare avaient appartenu aussi à l'empire
serbe et à l'empire byzantin. Les droits histo-
riques, source intarissable de conflits, se com-
pensaient. Quant à l'usage d'une langue dans

un pays, il ne confère aucun droit sur lui à un pays voisin parlant la même langue. Du reste le dialecte employé par les habitants de la plus grande partie des territoires macédoniens litigieux se rapprochait en général autant du serbe que du bulgare. La langue grecque était évidemment prépondérante dans nombre de villes réclamées par les Bulgares. Restait la volonté des habitants. Aux yeux d'États libéraux et constitutionnels comme la France et l'Angleterre, elle aurait dû être prise en sérieuse considération. Il ne semble pas que les Cabinets de Paris et de Londres s'en soient souciés pendant la première année de guerre. En offrant à la Bulgarie certains territoires, ils oubliaient que leurs habitants se comportaient depuis août 1913 en fidèles sujets de la Grèce et de la Serbie.

De même, avec le Cabinet de Pétrograd, ils perdaient de vue l'aspect moral de la question. Dans l'été de 1913, avec la complicité de l'Austro-Allemagne, la Bulgarie s'était jetée par traîtrise sur ses deux alliées dans le dessein avoué de les dépouiller et de se retourner, après les avoir battues, contre la Roumanie. Son calcul et son procédé étaient analogues à ceux de l'Allemagne et de l'Autriche-Hongrie, contre la Belgique, la France, la Russie, la Serbie et l'Angleterre. Ils n'étaient pas plus excusables. Politiquement et moralement, les attaques brusquées de 1913 et de 1914 sont étroitement liées. Comment donc les États victimes de la seconde pouvaient-ils s'aboucher avec les auteurs de la première ? Comment osaient-ils exercer en faveur de ceux-ci une pression sur les vainqueurs légitimes de 1913 ? En vertu de quel principe voulaient-ils supprimer les justes sanctions du traité de Bucarest ? Leur conduite s'explique seulement par le fait qu'à ce moment ils n'étaient guidés par aucun principe. Ils n'avaient en vue que des expédients.

Il faut l'avouer : de la déclaration de guerre de l'Allemagne à l'intervention des États-Unis, la diplomatie de la Triple, puis Quadruple Entente vécut d'expédients. Elle s'inspira de combinaisons amorales. Elle s'occupa du lotissement de l'Europe suivant des plans établis dans le secret des Cabinets. On fit des parts d'après les appétits plutôt que d'après le droit. Comme principe, on parla beaucoup de celui des nationalités. Mais il est susceptible des in-

terprétations les plus opposées et c'est un peu
pour cela qu'on le mettait en avant. On parla
moins du droit des peuples civilisés de disposer
d'eux-mêmes ; son application eût gêné les
architectes de la nouvelle Europe. On négocia
dans l'obscurité parce qu'on craignait que le
plein soleil mît en lumière de vilaines choses.
On crut être très fin, et ces finesses faillirent
compromettre le triomphe de la cause du monde
civilisé. En somme, on se livra dans l'arène
diplomatique, au moment le plus critique de
l'histoire moderne, aux manœuvres en usage
dans les couloirs parlementaires. Au lieu de
prendre nettement position du côté de nos amis,
contre nos ennemis, on chercha à débaucher un
complice de nos ennemis en lui faisant une
place aux dépens de nos amis. Ainsi voit-on
quelquefois un président du Conseil, obligé de
remanier son Cabinet, chercher à y introduire
un adversaire dans l'espoir de le rendre inoffen-
sif, au lieu de consolider le bloc ministériel avec
un ami sûr. De cette manière, on parvient quelquefois à prolonger une médiocre existence
ministérielle ; d'autres fois, on hâte sa chute ;
à coup sûr, on ne fait pas grande figure dans
le monde.

Il n'eût pas été glorieux d'obtenir un succès provisoire en réussissant à gagner momentanément la Bulgarie qui aurait sans doute saisi plus tard l'occasion de tout remettre en question par une série de chantages. Mais, pour tout observateur attentif des affaires d'Orient, vivant dans les réalités et non dans l'imagination, la Bulgarie était rivée aux empires centraux. On dira plus tard, plus longuement, de quoi ces liens étaient faits. On montrera aussi comment aucun homme politique raisonnable de la Triple Entente n'aurait dû ajouter foi aux protestations d'amitié du gouvernement turc. Mais, nous bornant ici à examiner les relations de l'Entente avec la Grèce, nous verrons qu'il était impossible de satisfaire la Bulgarie en 1915 sans porter à la Grèce continentale un coup mortel.

Depuis l'entrée en ligne de la Turquie dans l'automne 1914 jusqu'à la mobilisation bulgare en septembre 1915, c'est-à-dire pendant toute la période de négociations entre l'Entente et le Cabinet de Sofia, pas une seule fois celui-ci ne formula des conditions précises dont l'acceptation aurait été suivie de la signature d'un traité ferme. Il enveloppa ses réponses dans des phrases vagues et attendit des propositions. Cette attitude générale marquait bien qu'il n'avait pas l'intention de traiter et qu'il cherchait seulement à gagner du temps. En outre plusieurs indices particuliers révélaient clairement les intentions qu'il s'attachait à dissimuler. Tout d'abord, il affecta de considérer comme négligeables des agrandissements aux dépens de la Turquie. Or la combinaison de l'Entente était précisément fondée sur la possibilité de donner des compensations à la Bulgarie aux dépens de l'empire ottoman, qui venait d'attaquer la Russie. L'idée était juste. Si la Bulgarie se fût contentée, pour s'allier à nous, de territoires ottomans et de rectifications de frontières en Macédoine, la négociation eût été irréprochable. Il convenait de l'engager pour savoir à quoi s'en tenir. Le tort fut de la poursuivre après avoir constaté que le gouvernement bulgare exigeait l'hégémonie balkanique. En effet, sans fixer de limites, il fit entendre qu'il lui fallait toute la Macédoine et qu'il voulait entrer en possession des territoires serbes et grecs revendiqués aussitôt après la signature du traité, avant que la Serbie et la Grèce eussent reçu des compensations. C'est

ce que M. Ghénadief, ancien ministre des
affaires étrangères, exprimait en ces termes à
une époque où les Cabinets de l'Entente
croyaient l'avoir acquis à leur cause : « Nous
voulons être payés. Nous voulons que la Macédoine redevienne bulgare, car elle est habitée
par nos fils. La France avait à reprendre l'Al-
sace-Lorraine, l'Italie Trieste. Nous avons,
nous, quatre Alsaces à reprendre : la Thrace
turque, la Macédoine serbe, la Macédoine
grecque et la Dobroudja... Nous voulons occuper immédiatement la partie de la Macédoine
occupée par la Grèce et la Serbie (1) ». Cette
déclaration émanait d'un homme que les partis
gouvernementaux de Sofia accusaient de tiédeur
pour la cause nationale. Elle date, il est vrai,
de juin 1915. Mais elle reproduit fidèlement les
aspirations du peuple bulgare et les intentions
de son gouvernement depuis l'automne 1914,
et même depuis l'été 1913. Le langage de la
presse et des hommes politiques de Sofia ne
laisse aucun doute à ce sujet.

A peine le traité de Bucarest était-il signé
que, sous l'inspiration du baron de Wan-

---

(1) Interview du *Mattino* de Naples, fin juin 1915.

genheim, ambassadeur d'Allemagne à Constantinople, le Cabinet de Sofia concluait un accord avec les Turcs, et pourtant ceux-ci avaient profité des embarras de la Bulgarie quelques mois auparavant pour réoccuper et garder Andrinople. Dès ce moment, les Bulgares étaient dominés par la passion macédonienne. Ils se réconcilièrent avec les Turcs dans une haine commune contre la Grèce. Dans l'espoir de conquérir Salonique et Cavalla, ils promirent au sultan toute la Thrace et les îles de l'Archipel. De leur côté, les Turcs étaient affolés par le désir de rentrer à Mitylène et à Chio. Les Austro-Allemands surent attiser ces convoitises et l'accord se perpétra en octobre 1913. Il fut convenu que des comitadjis susciteraient à toute occasion des troubles en Macédoine et en Albanie et qu'on tiendrait toujours prêt un motif d'intervention, soit de la Turquie, soit des empires centraux. De fait les comitadjis, munis d'armes bulgares, ne cessèrent de terroriser tantôt l'Albanie, tantôt la Macédoine. Il fallut toute la patience du gouvernement serbe pour qu'une troisième guerre balkanique n'éclatât pas. Le drame de Serajévo, à la fin de juin 1914, fournit à l'Austro-Allemagne un prétexte inespéré de conflit européen. Le conflit oriental fut momentanément relégué à l'arrière-plan ; mais tous ses éléments subsistèrent.

D'une façon générale, d'ailleurs, les Bulgares n'ont jamais fait mystère de leurs intentions. En signant, contraints et forcés, le traité de Bucarest, leurs plénipotentiaires ont protesté. Dans le traité même, une clause fixe leurs arrière-pensées. La Serbie leur avait laissé le choix entre le district de Kotchana et celui de Stroumitza. Ils préférèrent celui de Stroumitza, moins peuplé et plus excentrique, qui s'avançait en pointe sur la ligne du Vardar. Ce bastion devint la base d'opérations des comitadjis qui s'en élancèrent plusieurs fois pour couper la ligne de chemin de fer de la vallée du Vardar, artère vitale de la Serbie.

Ainsi, d'après les hommes d'État bulgares passant pour les amis de l'Entente, la Macédoine grecque était une des quatre Alsaces de la Bulgarie, État dont l'indépendance officielle remontait à 1908 et celle de fait à 1878. Elle comprenait tous les territoires situés entre le Kara Sou à l'Est et les monts d'Albanie à l'Ouest. Lorsqu'on parlait de la cession de

Cavalla, c'était par dérision. S'il ne s'était agi que de ce district, la Grèce eût finalement consenti, et M. Venizélos, à un certain moment (janvier-février 1915), se montra disposé à céder sur ce point. Mais Cavalla formait un petit morceau de la Macédoine grecque. Si les Bulgares le convoitaient particulièrement, c'était à cause de sa richesse exceptionnelle, et surtout comme position stratégique contre Salonique. Le gouvernement grec avait agi fort sagement à Bucarest en 1913 en persistant à le garder malgré les objurgations russes, car il savait que la Bulgarie, résolue à prendre sa revanche, s'en servirait pour partir de là à la conquête de Salonique. Du reste Cavalla est une ville presque exclusivement grecque. Durant la courte occupation de 1912-1913, le Cabinet de Sofia ne put pas, de l'aveu des agents du roi Ferdinand, y trouver un Bulgare capable de remplir les fonctions de maire. Les Cabinets de Londres et de Paris ne s'en entêtèrent pas moins dans leur combinaison idéologique. Ils refusèrent d'écouter les hommes d'État de Grèce et de Serbie qui, pourtant, connaissaient mieux que M. Delcassé et Sir Edward Grey leurs voisins bulgares. Quant à la Russie, elle

fit la politique de M. Perrichon. Ayant con
tribué à créer la Bulgarie, elle s'en constitua la
protectrice envers et contre tous quoique sa
protégée eût passé à l'Autriche depuis l'ère de
Stamboulof. Elle était possédée de la manie de
ramener l'enfant prodigue au bercail slave.
L'enfant émancipé prodiguait les bonnes paroles à son ancien tuteur et travaillait en secret
contre lui pour mieux se dégager de la tutelle.

Abstraction faite du détail de négociations
qu'on mena dans le secret et qui sont encore
imparfaitement connues, telle est la cause pro-
fonde du trouble dans l'opinion grecque qui
permit à nos ennemis de travestir nos intentions et de tourner contre nous une partie de
la population. Le souci de la vérité nous oblige
à confesser nos torts. Ils aideront à comprendre, sans les excuser, ceux, bien autrement
graves, dont le roi Constantin se rendit coupable envers nous.

## II

## Constantin I<sup>er</sup> et le venizélisme.

LA question grecque ne se serait pas posée
si l'assassinat de Georges I<sup>er</sup> à Salonique
en mars 1913 n'avait fait monter prématurément sur le trône le diadoque Constantin. Ce
prince, mari de la princesse Sophie, sœur de
Guillaume II, avait sur le pouvoir royal des
idées exactement opposées à celles de son père.
Autant celui-ci respectait le régime constitutionnel, se conformait aux rites du gouvernement parlementaire et laissait tour à tour aux
chefs de partis la direction des affaires, autant
le fils méprisait le gouvernement démocratique.
Elevé à la *Kriegsakademie* de Berlin, il admirait

le régime personnel à la Guillaume II, considérait comme un fief de famille le royaume où Georges I^er avait été appelé à régner, sous certaines conditions, par les puissances protectrices et la volonté du peuple, et se comportait en élu du Seigneur quoique son intelligence n'eût rien de mystique. Lui et ses frères s'étaient approprié les principes des vieilles dynasties. Du vivant de Georges I^er, ils possédaient de peu de prestige. Ils avaient même été exclus de l'armée après la révolution de 1909. Ce fut M. Venizélos qui remit en selle les fils de Georges I^er. En assumant le pouvoir en 1910, il se persuada que la Grèce n'était pas mûre pour la république, qu'elle avait besoin d'une dynastie et qu'il importait de consolider celle qui existait. Il rappela les princes, leur rendit leurs grades et se préoccupa de rehausser le plus possible le prestige du diadoque de manière à lui faciliter plus tard sa tâche royale. Il fit célébrer ses succès militaires pendant la première guerre balkanique. Il observa le même système après le changement de règne. Au contraire des ministres qui cherchent à éclipser leur souverain, M. Venizélos ne négligea aucune occasion d'entourer le sien d'une auréole. Ce

n'était point courtisanerie de sa part ; à ce moment il était le maître incontesté de la Grèce.
C'était dans l'intérêt d'une dynastie dont la
solidité lui semblait nécessaire au maintien de
l'ordre dans le pays.

Pendant les premiers temps du nouveau
règne, l'opposition de tempérament et de ten-
dances entre le ministre et le souverain ne provoqua pas de choc sérieux. M. Venizélos possédait au dedans et au dehors une autorité qui
s'imposait même à ses ennemis. En moins de
quatre ans, il avait transformé la Grèce anarchique et discréditée en un État ordonné, glorieux, prospère et d'une étendue double. Par-
tout où il était allé à l'étranger, il avait donné
l'impression d'un homme d'État. On admirait
son jugement et l'on respectait son caractère.
Il inspirait confiance. A l'intérieur, les anciens
hégètes, si jaloux fussent-ils, devaient s'incliner
devant le restaurateur de la patrie. Le parti
libéral, créé par M. Venizélos à la suite de la
révolution, ralliait l'immense majorité du pays.
C'était une grande force et une grande nou-
veauté. Auparavant le royaume était divisé en
fiefs relevant de familles ayant joué un rôle
saillant dans la guerre de l'Indépendance (1821).

Quoique l'État fut essentiellement démocratique, il s'y était installé une sorte de féodalité.
Une oligarchie gouvernait le pays. Elle n'avait
ni programme, ni principes. Chaque clan avait
son chef ; chaque chef voulait arriver au pouvoir afin de satisfaire sa clientèle et son amour-
propre. Il s'établissait entre les chefs une sorte
de roulement. Alternativement on se parta-
geait les dépouilles. On votait des lois de circonstance et l'on confiait l'administration à
un personnel choisi à l'image de l'hégète en
fonctions. Seul peut-être M. Charilaos Tricoupis
fit exception dans cet état-major de prében-
dés. M. Venizélos bouscula cet appareil pourri
et constitua un véritable parti fondé sur les
sentiments profonds du peuple et les intérêts
permanents du pays.

Jusque-là le peuple avait subi le régime oli-
garchique en essayant d'en profiter. Mais il n'y
était pas attaché. Ceux qui pouvaient aller
chercher au dehors la fortune et la dignité n'y
manquaient point. Il s'établit ainsi dans les
deux hémisphères, notamment en Égypte, en
France et en Angleterre, de puissantes colonies
helléniques dégoûtées du rotativisme et dési-
reuses de parer l'Hellade d'un ordre et d'un

éclat nouveaux. Conservant le contact régulier avec la terre d'origine, elles y exerçaient de l'influence. Elles reconnurent promptement en M. Eleuthère Venizélos l'homme capable d'accomplir l'œuvre de rénovation. Elles l'encouragèrent et le soutinrent. Tout de suite après avoir pris les rênes du gouvernement, l'ancien chef crétois révéla ce qu'il était. Quoique issu d'une révolution militaire, il renvoya les officiers aux casernes et les soumit à la discipline. Il rétablit le régime constitutionnel faussé par un fonctionnement incohérent. Il assura l'honnête administration des intérêts locaux, stimula les forces productives du pays, allégea le fardeau des impôts, fit voter des lois protectrices du travail, restitua l'indépendance à la magistrature. A la Chambre, il rallia une majorité dévouée. Les anciens partis s'évanouirent. Aucun des vieux hégètes ne put grouper de troupes compactes autour de lui. On ne vit qu'une poussière de contradicteurs. Au regret même du président du Conseil qui eût aimé trouver en face de lui un parti constitué, discutant, il n'y eut plus d'opposition dans le sens parlementaire du mot. Le gouvernement ne l'avait pas supprimée par les moyens en usage dans d'autres pays, en Roumanie par exemple. Elle avait disparu comme le brouillard devant le soleil. Le venizélisme représentait non une dictature, non la *prepotenza* d'un homme, mais un régime, des méthodes et des idées conformes à la volonté raisonnée de l'élite et aux désirs instinctifs de la foule.

Au moment où la guerre européenne éclata, le parti libéral était tout-puissant ; le roi ne pouvait songer à faire prévaloir ses vues politiques personnelles. C'est seulement à la faveur des événements extérieurs que prit corps le dessein de substituer le gouvernement personnel au gouvernement constitutionnel.

## III.

# M. Venizélos
# et la guerre européenne.

**M.** Venizélos se trouvait à Munich, en route pour Bruxelles où il devait rencontrer le grand-vizir afin de régler la question des îles, quand il connut l'ultimatum autrichien à la Serbie. Aussitôt il prend position. De Munich même, le 25 juillet, il télégraphie à Athènes des instructions dont voici la substance : « Il est du plus haut intérêt de ne laisser subsister aucun doute sur les intentions de la Grèce. La Grèce ne peut rester les bras croisés en face d'une attaque éventuelle de la

Bulgarie contre la Serbie. Elle ne pourrait tolérer une telle attaque, qui conduirait à un agrandissement de la Bulgarie et remettrait en question le traité de Bucarest. Cette attitude lui est imposée également par ses devoirs d'alliée de la Serbie et par l'instinct de sa propre conservation. » En même temps, il envoie une dépêche dans le même sens à M. Théotokis (*junior*), ministre de Grèce à Berlin, en le priant d'informer le gouvernement allemand que, si la Bulgarie attaque la Serbie, la Grèce ne pourra rester neutre. Toujours à Munich, il reçoit une dépêche de M. Pachitch, président du Conseil de Serbie, qui lui demande quelle attitude la Grèce va observer. Il répond immédiatement que, éloigné d'Athènes, il ne peut se prononcer officiellement, mais que, de retour dans la capitale, il soutiendra l'opinion suivante : la Grèce doit tenir ses forces prêtes pour les opposer à la Bulgarie dans le cas où celle-ci attaquerait la Serbie ; elle doit protéger cette dernière contre le danger d'une attaque dans le dos et assurer le respect du traité de Bucarest.

Le 2 août, d'Athènes, après délibération en Conseil, M. Venizélos adresse à M. Pachitch une dépêche officielle dont voici la teneur approximative : « Le fait que l'indépendance et l'intégrité territoriale de la Serbie constituent un facteur capital de l'équilibre balkanique créé par le traité de Bucarest, auquel la Grèce est résolument attachée, suffit pour dicter au gouvernement grec les mesures qu'il doit prendre quant à présent pour venir en aide de la façon la plus efficace à la Serbie, pays ami et allié. Le gouvernement grec croit accomplir son devoir d'ami et d'allié en se tenant prêt à repousser toute attaque de la Bulgarie contre la Serbie. Une intervention armée immédiate de la Grèce serait plutôt funeste à la Serbie. En effet, la Grèce ne pourrait envoyer que de faibles forces pour secourir la Serbie (contre l'Autriche-Hongrie) et, d'autre part, sa situation d'État belligérant exposerait Salonique, seule voie ouverte au ravitaillement de la Serbie, à une attaque décisive. Le devoir de la Grèce est de tenir ses forces intactes en vue d'une offensive bulgare pouvant mettre en péril les deux pays. »

Le même jour, M. Venizélos fait expédier des dépêches dans le même sens à Londres, Paris, Pétrograd et aussi (*mutatis mutandis*) à

Sofia. Avec la vue claire d'un homme qui embrasse tout l'horizon politique, il se décide sans perdre un instant et notifie sa décision. À ce moment, Guillaume II, résolu de son côté à mettre en ligne le maximum de forces contre l'ennemi, presse Constantin Ier d'adhérer à sa politique. Il lui envoie plusieurs dépêches en allemand. Il le dissuade de se solidariser avec les *Meuchelmoerder* de Serbie. Il lui signifie que, si la politique de la Grèce est opposée à celle de l'Allemagne, les relations de famille du roi en souffriront. Constantin Ier résiste alors à cette pression parce que son premier ministre le veut et parce qu'il sait, d'expérience personnelle, que son impérial beau-frère se soucie peu de la Grèce. Au printemps de l'année précédente, il avait fait sonder secrètement Guillaume II, à l'insu du gouvernement grec, par M. Théotokis, ancien président du Conseil, envoyé à Berlin pour notifier l'avènement de Constantin Ier. D'ordre de son maître, M. Théotokis avait demandé à Guillaume II si la Grèce pourrait éventuellement compter sur l'amitié permanente de l'Allemagne. Sur le moment l'empereur observa la réserve. Mais, plus tard, il fit tenir au roi, par le comte de

Quadt, son ministre à Athènes, la réponse suivante : « Le gouvernement impérail est dans l'impossibilité d'adopter les points de vue grecs. L'alliance qui l'unit à l'Autriche-Hongrie et à l'Italie lui interdit d'entrer dans des pourparlers sur des sujets touchant aux intérêts de ses alliés. L'Allemagne se fait un devoir de seconder sans tergiverser ces intérêts, et ce devoir l'empêche de prendre aucune initiative dans une question rentrant dans la sphère d'influence de ses alliés. Malheureusement, l'Allemagne ne peut rien pour la Grèce. L'ensemble de ses intérêts pousse l'empire vers des États dont les vues ne concordent pas avec celles de l'hellénisme. » Ce billet doux fut remis avant l'attaque brusquée de la Bulgarie contre la Serbie et la Grèce. Si germanomane qu'il fût, Constantin devait éprouver un certain frisson en rapprochant la fin de non-recevoir de son beau-frère et la trahison bulgare du 29 juin.

Après le traité de Bucarest, la mauvaise volonté allemande à l'égard de la Grèce avait persisté. Au mois de janvier 1914, à Londres, M. Venizélos pressentit le gouvernement britannique sur la pression qu'il y aurait lieu pour les grandes puissances d'exercer sur la

Turquie afin d'imposer à cette puissance l'arbitrage de l'Europe dans l'affaire des îles. Sir E. Grey répondit que l'Angleterre irait jusqu'à une démonstration navale pour faire rerpecter la décision de la conférence de Londres, à la condition toutefois que l'Allemagne consentît. Pressentie à son tour, celle-ci « refusa de coopérer et même de consentir à toute action contre la Turquie ayant un caractère franchement inamical ». Bien plus, elle refusa plus tard de s'associer à une simple démarche comminatoire des grandes puissances près de la Sublime Porte. Elle ne cessa d'observer la même attitude durant toute la crise orientale. Au mois d'avril 1914, M. de Bethmann-Hollweg et le baron de Wangenheim, accompagnant Guillaume II à Corfou, déclarèrent péremptoirement à M. Venizélos et à son ministre des affaires étrangères, M. Streit, qu'il ne fallait pas compter sur le concours de l'Allemagne dans les affaires turques et que, si les îles venaient à passer sous la domination hellénique par suite de la faiblesse de la Turquie, cet état de choses ne serait ni permanent, ni définitif. D'après M. de Wangenheim, les îles, suivant la loi de la nature, passeraient sous la domination du maître du littoral asiatique lors du règlement de la question d'Orient ; on ne pourrait admettre dans le voisinage aucune influence politique, surtout l'influence hellénique.

Ainsi, en ce qui concerne la Grèce, l'Allemagne déclarait s'inspirer non seulement de son alliance officielle avec l'Autriche-Hongrie et l'Italie, mais aussi d'une alliance occulte avec la Turquie. Elle soutenait à fond le Cabinet Enver-Talaat à l'avènement sanglant duquel elle avait contribué au mois de janvier 1913. Elle le poussait dans la voie de l'islamisation et de la turquisation. Elle approuvait la guerre aux privilèges du patriarcat grec. Bien loin de songer à faciliter ou à tolérer le démembrement de la Turquie, elle s'employait avec ardeur à galvaniser l'homme malade. Militairement, elle avait besoin de lui contre la Russie et l'Angleterre ; économiquement, elle se réservait l'exploitation commerciale et industrielle d'immenses régions appelées à un grand avenir. En somme, elle était foncièrement antigrecque. Si elle avait opiné en août 1913 pour que le traité de Bucarest ne fût pas soumis à la révision des grandes puissances, ce n'était nullement pour se montrer agréable à la Grèce ; c'était pour ménager le roi de Roumanie qui entendait conserver le profit de son intervention et qui avait déclaré à ses deux alliées germaniques qu'il ne souffrirait pas de Grande-Bulgarie. Guillaume II avait alors calmé l'Autriche-Hongrie en lui promettant une belle et prochaine revanche de ses derniers déboires balkaniques. En attendant, il n'avait cessé de soutenir ses prétentions, contre les intérêts grecs, dans les affaires d'Albanie et d'Épire. Dans toutes ces questions, comme dans celle des îles, le Cabinet d'Athènes ne trouva d'appui que près de la Triple Entente. Malgré quelques défaillances, celle-ci avait pour principe que les peuples chrétiens placés sous la domination ottomane avaient droit à certaines libertés et que, si l'empire ottoman venait à se dissoudre en tout ou en partie, ils devaient être appelés à constituer des États indépendants. Au contraire, l'Allemagne déniait toute existence autonome à ces peuples. Elle ne faisait d'exception que pour l'Albanie, parce que l'autonomie réclamée pour cette province anarchique recouvrait effectivement un protectorat autrichien. Le prince Guillaume de Wied, désigné comme *mbret* d'Albanie par la conférence de Londres, était un simple serviteur de Vienne et de Berlin. Il était chargé de contrecarrer de toutes ses forces l'influence serbe et l'influence grecque.

Dans ces conditions, M. Venizélos ne dut pas avoir grand'peine à rallier Constantin Ier à sa manière de voir dans les premiers jours d'août 1914. Avec sa franchise habituelle, il s'expliqua nettement avec le comte de Quadt. Il lui exposa que, dans la guerre qui commençait, il serait inconcevable que la Grèce prît parti contre les trois puissances protectrices dont les intérêts concordaient avec les siens ; en conséquence elle resterait neutre tant que l'équilibre balkanique créé par le traité de Bucarest ne serait pas compromis. Dans une dépêche officielle du mois d'août, le gouvernement allemand reconnut le bien fondé de la thèse du Cabinet d'Athènes. Comme la Bulgarie subordonnait son intervention à la garantie de la neutralité grecque, elle s'abstint provisoirement. Guillaume II n'insista pas près d'elle parce que l'état-major de Berlin, préoccupé d'opérations plus importantes ailleurs, ne voulait pas encore s'engager à fond dans les

Balkans. Il mit en jeu d'autres moyens.

Dans la seconde quinzaine d'août, M. Venizélos tint, à préciser devant l'Entente la situation du gouvernement qu'il dirigeait. Au plus fort de la ruée germanique contre la France, il jugea convenable d'informer les Cabinets de Paris, de Londres et de Pétrograd qu'il était en sympathie avec eux et que la Grèce pourrait mettre ses forces à leur disposition pour les opérations à venir dans les Balkans. La France et l'Angleterre prirent acte de cette offre et répondirent qu'elles y donneraient suite le cas échéant. En outre, George V télégraphia à Constantin I<sup>er</sup> pour le remercier et l'informer qu'il envoyait l'ordre à l'Amirauté britannique de s'entendre avec l'état-major grec sur le mode de coopération des forces des deux pays. Constantin I<sup>er</sup> répondit par un télégramme amical disant que l'état-major naval grec était prêt à conférer avec les agents de l'Angleterre. Cet échange de dépêches eut lieu par l'intermédiaire de l'amiral Karr.

A ce moment se place un incident significatif. La conférence gréco-turque, qui devait se tenir à Bruxelles avec la mission de liquider tous les différends entre les deux pays, fut transférée à Bucarest. Là, Talaat Bey ne se contenta pas de formuler au sujet des îles des revendications inacceptables ; il s'efforça de nouer une coalition turco-bulgaro-gréco-roumaine contre la Serbie. Malgré ses finasseries, il découvrit le jeu de l'Allemagne dont il tenait les cartes. M. Venizélos repoussa nettement la combinaison et rappela à Athènes ses deux délégués, MM. Zaïmis et Politis. Guillaume II ne se découragea point. Se rendant compte que la présence de M. Venizélos au pouvoir constituait un obstacle insurmontable à la réalisation de son plan balkanique; il entreprit de le renverser avec le concours des anciens partis. M. Streit, ministre des affaires étrangères, dont M. Venizélos avait cru pouvoir utiliser la compétence en matière internationale sans concevoir la possibilité d'une trahison de sa part, se fit l'instrument de ce complot. Il recommanda la guerre contre la Serbie. M. Venizélos déjoua aussitôt la manœuvre. Il invita M. Streit à démissionner et repoussa la suggestion germanique par ces mots : « La Grèce est un trop petit pays pour commettre une aussi grande infamie. » Il maintint 120.000 hommes sous les armes et fournit à la Serbie toutes les facilités désirables pour son ravitaillement en munitions et matériel de guerre par le port de Salonique et la ligne du Vardar.

# IV

## La première démission
## de M. Vénizélos.

A la fin de l'automne 1914, l'état-major de Berlin ne semblait pas encore décidé à l'action balkanique. Il y a tout lieu de croire qu'il n'encouragea pas la seconde offensive austro-hongroise contre la Serbie. Mais le général Potiorek, commandant les forces de la monarchie dualiste sur cette frontière, était impatient de cueillir des lauriers. Plein de dédain pour les Serbes, il crut avoir facilement raison d'eux. Il se mit en campagne sans que le Cabinet de Berlin eût préparé la coopération bulgare. Toujours dissimulé, le tsar Ferdinand ne mit pas ses armées en mouvement. Il affecta d'observer officiellement la neutralité afin de ne pas provoquer une contre-intervention grecque. Seulement il mobilisa ses comitadjis, leur fournit des armes et même des canons, et leur permit de faire irruption en plein territoire serbe. En décembre, lorsque les Serbes se trouvaient dans une situation presque désespérée, les comitadjis bulgares se ruèrent en Serbie et firent sauter sur le Vardar et près de Zaïtchar les ponts des seules voies de communication par où la Serbie restait reliée à des pays amis. Le Cabinet de Sofia se lava les mains. Il prétendit que les auteurs de ces raids étaient des Macédoniens. Macédoniens ou non, ces gens étaient armés et soudoyés par la fameuse Organisation intérieure bulgare, qui était en rapports intimes avec le gouvernement et ne pouvait opérer qu'avec sa complicité. Si, contrairement aux prévisions, la Serbie n'avait pas magnifiquement rétabli ses affaires par un effort surhumain, la Bulgarie serait accourue à la curée. Mais les armées Potiorek furent finalement complètement défaites. Elles durent repasser la frontière après avoir subi des pertes énormes en hommes et en matériel. L'Organisation intérieure fit rentrer ses comitadjis et la Bulgarie attendit une meilleure occasion.

De crainte qu'elle se décourageât et fût tentée, sous la pression des russophiles, de passer à l'Entente, l'Allemagne conclut avec elle, dans les premiers jours de 1915, un arrangement financier complémentaire du contrat d'emprunt signé peu de temps avant la guerre et non exécuté en raison des circonstances. Le syndicat des banques allemandes et austro-hongroises qui s'était engagé à prêter 500 millions à la Bulgarie lui consentit, contre des bons du Trésor acceptés au pair, une avance de 150 millions à 7 1/2 0/0, dont 75 millions payables immédiatement, et le reste à raison de 10 millions par quinzaine à dater du 14 avril. Au moyen de ces acomptes par quinzaine, l'Austro-Allemagne tenait en laisse le Cabinet Radoslavof.

Vers le même temps, après de longs atermoiements, la Triple Entente se décidait à entreprendre contre les Détroits une action destinée à rouvrir ses communications avec la mer Noire et à mater la Turquie. Désireuse aussi de protéger la Serbie contre une nouvelle offensive, elle se préoccupa de s'assurer le concours matériel de la Grèce qui lui était précieux à trois points de vue : l'intimidation de la Bulgarie, l'usage de la flotte pour les transports et la surveillance de la mer, l'occupation de bases d'opérations dans le voisinage des Détroits. Le 24 janvier, Sir Francis Elliot, ministre d'Angleterre à Athènes, communiqua à M. Venizélos un télégramme de Sir Edward Grey proposant à la Grèce « moyennant de très importantes concessions territoriales sur les côtes de l'Asie Mineure » une action concertée dans les Balkans. A ce moment, le Cabinet de Londres nourrissait encore des illusions sur le compte de la Bulgarie. Malgré tout ce qui venait de se passer, il espérait qu'elle céderait à ses instances et consentirait à se ranger du côté des Alliés. M. Venizélos fut si séduit par la perspective de reconstituer l'Hellade historique en Asie Mineure qu'il se montra disposé à céder à la Bulgarie les districts de Cavalla, Sari-Chaban et Drama (environ 2.000 kil. carrés) et à ne pas s'opposer à la cession à la même puissance d'une partie de la Macédoine serbe. Il mit à cela des conditions qui paraissent avoir été finalement agréées par le Conseil des ministres et le roi. Mais l'attitude hostile de la

Bulgarie et la décision de la Roumanie de s'abstenir empêchèrent de donner suite à ce premier projet (1). Il fut repris peu après en vue de l'expédition des Dardanelles seule. C'est à cette occasion qu'éclata le premier conflit entre M. Venizélos et Constantin Iᵉʳ.

Les Cabinets de Paris et de Londres renouvelèrent alors à celui d'Athènes leurs offres en Asie Mineure en demandant seulement en échange la coopération de la Grèce à l'expédition des Dardanelles. Après des pourparlers assez rapides, M. Venizélos fut en mesure de présenter un projet ferme qui fut discuté, les 3 et 5 mars, dans deux Conseils de la Couronne où figuraient les anciens premiers ministres. Aux termes de ce projet, qui avait l'assentiment de Paris et de Londres, toute la flotte grecque devait coopérer avec la flotte franco-anglaise, mais la participation des forces de terre était limitée à une division (15.000 hommes), le reste de l'armée devant tenir en respect la Bulgarie. Plusieurs objections furent présentées. On observa que les propositions venaient seu-

---

(1) On trouvera le récit détaillé de cette négociation dans le livre de M. Léon Maccas : *Ainsi parla Venizélos,* p. 34 et 35.

lement de la France et de l'Angleterre, et que la Russie s'opposait à ce que des troupes grecques entrassent à Constantinople, M. Venizélos put répondre que la Russie avait donné son consentement et que les Cabinets de Londres et de Paris se chargeaient de concilier pour les détails les points de vue grecs et russes. D'autre part, on mit en avant l'opinion de l'état-major grec, d'après laquelle les Dardanelles ne pouvaient être forcées au moyen d'une action navale isolée. A la suite d'études approfondies, l'état-major était arrivé à la conclusion qu'il fallait débarquer au moins trois divisions sur les côtes du golfe de Saros. Cette objection n'était que trop bien fondée. Mais on pouvait la combattre en recommandant précisément aux Alliés l'action par terre dans la région indiquée qui semblait en effet bien choisie. On souleva aussi des difficultés à propos de la délimitation et de l'administration des territoires asiatiques promis. M. Venizélos réfuta tout et s'attacha à faire reconnaître l'immense intérêt pour la Grèce d'apparaître en Orient aux côtés des grandes puissances occidentales et de s'assurer ainsi un magnifique domaine de 120.000 kilomètres carrés, habité par de florissantes colonies hellènes, qui complèterait merveilleusement les possessions actuelles du royaume et consoliderait l'occupation des îles. Le roi leva la seconde séance sans rien décider. Mais, le lendemain, il fit connaître son refus. M. Venizélos lui remit sa démission qui fut acceptée. M. Gounaris fut chargé de constituer un nouveau Cabinet avec l'autorisation de dissoudre la Chambre. Il s'adjoignit, comme ministre des affaires étrangères, M. Zographos, ancien haut-commissaire en Épire.

M. Venizélos ne crut pas devoir à cette occasion provoquer un conflit constitutionnel. Il a dit pour quelles raisons, dans les termes suivants, au correspondant de l'agence Havas, le 13 mars 1917 : « En février 1915, l'action du roi pouvait être considérée comme constitutionnelle, tout au moins quant à la forme, car, un désaccord ayant surgi entre la politique royale et la mienne, on pouvait estimer, les dernières élections remontant à trois années et la nouvelle Grèce n'étant pas encore représentée au sein du Parlement, on pouvait estimer, dis-je, qu'il appartenait au pays de décider. Il m'était loisible de regretter cette procédure et même de la trouver nuisible, mais je n'avais pas le droit de me révolter ».

Il ne se révolta point, mais il exposa sans retard la situation créée par sa chute. Ayant convoqué chez lui les députés du parti libéral, il leur montra les conséquences de la décision de Constantin I$^{er}$ : « Nous avons laissé échapper une occasion unique. Le mal fait est irréparable. Rien ne saurait arranger les choses, même au cas où notre gouvernement rappelé au pouvoir serait invité à appliquer la décision qu'il avait prise. » Attaqué ensuite par son successeur et la Cour, il publia deux lettres-mémoires qu'il avait adressées au roi dans les derniers jours de la crise. Ces deux lettres ont un intérêt historique. Avec une lucidité prophétique, le ministre explique au souverain que le sort de l'hellénisme est lié au succès de la Triple Entente et qu'au cas où l'Austro-Allemagne triompherait, la Bulgarie s'emparerait de toute la Macédoine y compris Salonique, la Turquie reprendrait les îles, l'hellénisme serait exterminé en Asie Mineure, et la Grèce retomberait dans l'état où elle croupissait avant la première guerre balkanique. Le résultat ne pourrait pas être plus désastreux si la Grèce, alliée à la Triple Entente, était battue avec elle. Son intérêt vital lui commandait de profiter de l'état de guerre entre la Turquie et l'Entente pour délivrer les centaines de mille Hellènes vivant sur les côtes d'Asie, permettre aux 200,000 réfugiés d'Anatolie de regagner leurs foyers, et doubler le territoire du royaume, déjà doublé depuis 1912 : « Votre Majesté, disait en terminant M. Venizélos, se trouve dans toute la force de l'âge non seulement pour créer, par son épée, une plus grande Grèce, mais aussi pour consolider cet exploit militaire par une réorganisation politique parfaite du nouvel État et pour remettre à votre héritier, quand l'heure sera venue, une œuvre achevée, surhumainement grande et telle qu'il a été donné à peu de princes d'accomplir. »

Nettement posé, le problème avait été résolu contre l'avis de M. Venizélos et le sentiment général. Les anciens présidents du Conseil appelés aux Conseils de la Couronne avaient reconnu que le gouvernement était d'accord avec l'opinion publique, et M. Théotokis, qui pourtant était dans l'opposition, avait déclaré au roi qu'il n'accepterait pas d'appliquer sa politique. On ne sait dans quelle mesure Constantin Iᵉʳ était alors engagé envers

Guillaume II. Difficilement pouvait-il à cette époque invoquer le danger pour la Grèce d'être écrasée. Les Russes étaient encore sur les Carpathes et Przemysl, investie de toutes parts, allait capituler quelques semaines plus tard. L'intervention italienne se négociait. Toujours est-il que, sous le ministère Gounaris, les négociations reprirent entre Athènes et l'Entente. M. Zographos ne cessait d'affirmer ses intentions amicales à l'égard des puissances protectrices. Le 14 avril, en réponse à une demande de participation à la guerre contre la Turquie en date du 10, il proposa le concours militaire de la Grèce à condition que l'Entente garantît l'intégrité continentale et insulaire du royaume pendant la durée de la guerre et un certain temps après, qu'une convention navale militaire entre les états-majors réglât les conditions de la coopération et qu'un traité fixât l'étendue des concessions territoriales promises en Asie Mineure. Il devait être entendu que l'objectif définitif de la guerre serait la dissolution de l'empire ottoman.

Ces propositions furent-elles faites de bonne foi ? On n'oserait l'assurer. En tout cas, elles méritaient d'être prises en sérieuse considération. Elles ne contenaient aucune prétention inacceptable. La phrase sur la dissolution de l'empire ottoman souleva, paraît-il, des inquiétudes. Cependant il était bien naturel que le gouvernement grec eût à se prémunir contre une solution bâtarde qui l'aurait laissé, à la paix, en face d'une Turquie avide de revanche. Si les diplomates occidentaux s'effarouchèrent devant la perspective ouverte, c'est qu'ils comprenaient moins bien que les Orientaux les éléments de la question d'Orient. Quant à la garantie de l'intégrité territoriale, c'était dû. Ce fut elle pourtant qui semble avoir empêché les pourparlers d'aboutir. Toujours férus de l'idée de gagner la Bulgarie, les Cabinets de l'Entente se réservaient de lui offrir la Macédoine orientale avec la Macédoine serbe. Ils laissèrent tomber les propositions du 14 avril. Peu après, à la suite d'une suggestion du ministre de France à Athènes à M. Zographos, M. Romanos, ministre de Grèce à Paris, proposa de traiter aux conditions précitées en limitant « jusqu'à la paix » la durée de la garantie de l'intégrité territoriale de la Grèce par l'Entente. M. Delcassé ne releva pas la proposition.

GAUVAIN

4

Ces fins de non-recevoir décidèrent de la
carrière de M. Gounaris. Ce politicien, ambi-
tieux de devenir chef de parti, aurait peut-être
été flatté de diriger une politique intervention-
niste et de se substituer à M. Venizélos. Re-
buté par l'Entente, il se retourna vers les germanophiles et créa un parti antivenizéliste. Il
procéda à la dissolution de la Chambre, mena
une campagne acharnée contre les candidats
venizélistes, solidarisa son ministère avec le
souverain et proclama devant les électeurs
qu'ils avaient à choisir entre la politique de
M. Venizélos et celle du roi. Malade, Constantin Ier laissa dire et faire. Sa maladie, qui
se prolongea, lui permit de ne pas dégager sa
personne, constitutionnellement irresponsable,
d'une campagne indécente.

# V

# La seconde démission
# de M. Venizélos.

LES élections générales du 13 juin donnèrent aux venizélistes 184 sièges contre 130 aux gounaristes. La majorité n'était pas écrasante. Mais elle comprenait la presque totalité des circonscriptions de la Grèce d'avant 1912. Les succès gounaristes avaient été remportés dans la nouvelle Grèce, surtout par des candidats musulmans ou israélites, grâce à une pression administrative intense facile à exercer sur des populations hétérogènes libérées depuis trois ans seulement de la domination turque. Le parti libéral sortait donc victorieux d'une

épreuve très dure. La correction constitutionnelle exigeait que M. Gounaris se retirât et
que M. Venizélos fût rappelé au pouvoir. Il n'en
fut rien. M. Gounaris ne broncha point et le
roi ne le pria pas de laisser la place à son vainqueur. La presse ministérielle continua de
diffamer impunément M. Venizélos. La convocation de la nouvelle Chambre fut ajournée
sous le prétexte de la maladie du roi. Si l'on
avait pu hésiter au mois de mars sur les sentiments de Constantin I$^{er}$, on ne le pouvait plus
au mois de juillet. Son attitude ne s'expliquait
que par sa volonté de résister au vœu populaire
et sa croyance dans la victoire allemande.

Ce fut probablement au mois de juillet que le
pacte fut conclu entre les deux beaux-frères.
A cette date, les Russes avaient été rejetés des
Carpathes et l'offensive italienne était arrêtée.
L'état-major de Berlin avait résolu de détruire
la Serbie. Guillaume II prévint Constantin I$^{er}$
qu'il allait attaquer les Serbes avec
400.000 hommes, que la Bulgarie était d'accord avec lui, et qu'il comptait que la Grèce
resterait neutre. Cet avertissement était accompagné d'une menace pour le cas où il ne
serait pas écouté, et d'une promesse, la garantie

de l'intégrité territoriale de la Grèce, pour le cas contraire. Le roi céda. Son état-major, qui jusque-là se montrait hostile à la Bulgarie, se laissa persuader qu'après tout on pouvait aussi bien s'arranger avec elle aux dépens de la Serbie : l'essentiel était de se prémunir contre le péril slave provenant de l'union des deux voisins slaves ; peu importait lequel des deux serait écrasé pourvu que l'un d'eux le fût.

Ce raisonnement péchait par la base, attendu que la Serbie ne convoitait aucun territoire grec tandis que la Bulgarie voulait annexer la Macédoine orientale. Malheureusement, à la même époque, par une note du 3 août, la Triple Entente demanda au Cabinet d'Athènes de consentir à la cession éventuelle de la Macédoine orientale à la Bulgarie afin de permettre la reconstitution du bloc balkanique. Cette fausse manœuvre à un moment critique eut des effets funestes. Elle rejeta dans l'ombre le lointain danger bulgare et mit en relief les sacrifices immédiats réclamés. Il n'y avait pas, il est vrai, de comparaison entre l'étendue des convoitises bulgares et celle des districts dont l'Entente proposait la cession amiable. Toutefois Guillaume II répondait envers la Grèce de la correction de la Bulgarie qui serait assez largement récompensée en Serbie pour ne pas réclamer autre chose. Futile garantie sans doute, mais suffisante pour couvrir aux yeux de courtisans et d'intrigants un souverain et des ministres disposés à se laisser convaincre (¹).

Dans l'interview mentionnée plus haut, M. Venizélos apprécie ainsi l'importance du fait : « Entre les élections et mon retour à la tête du gouvernement, un fait important s'était produit. Les puissances protectrices étaient venues proposer à la Grèce de céder la Macédoine orientale à la Bulgarie. Cette proposition — qui d'ailleurs ne satisfaisait point les ambitions bulgares, ainsi qu'on l'a vu par la suite —

------

(¹) La mauvaise foi de l'Allemagne en la circonstance semble établie par la divulgation, faite le 9 octobre 1915 par les journaux venizélistes *Patris* et *Hestia*, d'un traité bulgaro-allemand en date du 17 juillet précédent. Ce traité, conclu à Sofia, attribuait à la Bulgarie toute l'Albanie, toute la nouvelle Serbie, Monastir, Guevguéli, Doïran, Cavalla, Sérès, Florina et Castoria. La teneur de ce document aurait été communiquée par la légation d'Angleterre à Athènes. La légation allemande démentit. Mais, d'autre part, on maintint l'exactitude de l'information. Si celle-ci est exacte, on se demande comment l'Angleterre, connaissant le traité, a pu poursuivre des négociations avec la Bulgarie jusqu'au commencement d'octobre 1915.

fut perfidement exploitée par la propagande germanophile et servit la cause royaliste qui se campa aussitôt sur le terrain de l'intégrité territoriale. Je n'exagère pas en disant que, sans cette démarche, le roi n'aurait jamais osé déserter les obligations découlant de notre traité avec la Serbie. Vous me demandez si c'est là une simple impression de ma part. C'est plus que cela ; c'est une certitude absolue basée sur les faits et les documents dont j'ai eu connaissance à cette époque. D'ailleurs, ce ne fut que trois ou quatre semaines après que M. Gounaris fit savoir à la Roumanie qu'en cas d'attaque de la Serbie par la Bulgarie, il n'irait pas au secours de son alliée. » Tout se tenait. La défaillance du gouvernement grec entraîna celle du gouvernement roumain. Quoique la Roumanie eût encore plus d'intérêt que la Grèce à ne pas laisser écraser la Serbie, puisque cela mettait ses communications vitales et par conséquent son existence à la merci de la Germanie, elle commit la même erreur, le même crime contre elle-même.

C'est dans ces circonstances que le roi rappela M. Venizélos au pouvoir sans le mettre au courant de ses tractations personnelles avec son beau-frère. Quelques jours après, la Bulgarie signait avec la Turquie un traité par lequel celle-ci lui accordait une très appréciable rectification de frontières, notamment aux portes mêmes d'Andrinople. Cet accord formait le pendant de celui qui suivit le traité de Bucarest. Il indiquait que l'instant d'agir était venu. Les Turcs n'entendaient pas se dessaisir de territoires précieux sans la certitude d'une coopération matérielle contre les détenteurs de Chio et de Mitylène. Au lieu de déterminer les Alliés à d'énergiques mesures de précaution contre la Bulgarie, cet arrangement les excita à se montrer plus généreux à son égard. Le 14 septembre, après une longue et douloureuse pression sur la Serbie, ils offrirent à Sofia les dépouilles macédoniennes. Tristes jours pour M. Pachitch et M. Venizélos. Sur les instances de l'Entente, ce dernier se résigna à consentir à la cession par la Serbie de Monastir à la Bulgarie à la condition que l'Albanie fût partagée entre la Grèce et la Serbie, de manière que ces deux derniers pays conservassent une frontière commune. La Bulgarie répondit en décrétant la mobilisation générale. Quelques hommes d'Occident suggérèrent que cette mobilisation

pourrait bien être dirigée contre la Turquie ;
leur aveuglement touchait à la démence. Mais
un homme comme M. Venizélos ne pouvait s'y
tromper une seconde. Il soumit au roi et lui fit
signer un décret ordonnant la mobilisation de
l'armée grecque (23 septembre).

L'accord allait-il se rétablir entre le ministre
et le souverain ? Les simples spectateurs pouvaient le supposer, car l'évidence du péril national frappait tous les yeux. Les personnes initiées aux mœurs de la Cour d'Athènes étaient
moins confiantes. Elles soupçonnèrent les germanophiles de recommander la mobilisation
générale afin que les hommes sous les armes
devinssent hors d'état de manifester en faveur
de M. Venizélos et de le soutenir par la force
dans le cas où un nouveau dissentiment avec
le monarque entraînerait son renvoi. La combinaison paraît trop compliquée pour être juste.
En tout cas, elle ne fut pas du goût de la Bulgarie. Quand il connut la nouvelle de la mobilisation grecque, M. Radoslavof fit une scène
au ministre de Guillaume II. « Vous nous avez
trompés », s'écria-t-il et il éclata en récriminations. Guillaume II eut à cœur de sauvegarder
sa réputation et ses intérêts. Il mit en œuvre

avec une furieuse intensité tous ses moyens
d'influence sur Constantin Ier. Les gounaristes
dépossédés, les anciens ministres remerciés
comme M. Streit ; les officiers de l'état-major
imbus de l'esprit de la *Kriegsakademie*, les snobs
de la Cour et les personnages salariés par la
propagande germanique s'unirent à la reine
Sophie et aux frères du roi contre M. Venizélos.
Cet homme d'État qui ne recherchait que le
bien de la patrie gênait tout ce monde-là. La
pression de l'Entente en sens contraire fut
insignifiante, protocolaire et dispersée.

Le 29 septembre la nouvelle Chambre se
réunit. M. Venizélos exposa la situation sous
le jour le plus sombre. Toutefois, comme la
Bulgarie prétendait encore à ce moment que
sa mobilisation avait seulement pour objet la
neutralité armée, il se contenta de déclarer
qu'il revenait à son programme antérieur ainsi
formulé : « Le gouvernement est tenu par des
obligations découlant de son alliance avec un
des belligérants, la Serbie, et il est décidé à
remplir ces obligations si le *casus fœderis* se
présente. » M. Gounaris soutint que la mobilisation ne devait servir qu'à protéger les intérêts
vitaux du pays, à l'exclusion de toute obliga-

tion découlant du traité d'aillance avec la Serbie. Le 3 octobre, la Russie enfin désabusée somma le gouvernement bulgare « de rompre ouvertement avant vingt-quatre heures avec les ennemis de la cause slave et de la Russie » et de procéder immédiatement « au renvoi des officiers appartenant aux armées d'États qui sont en guerre avec les puissances de l'Entente ».

Le 4 octobre, la Chambre grecque tint une séance émouvante qui se prolongea très avant dans la nuit. Les anciens hégètes, MM. Dragoumis, Rhallys, Théotokis et Gounaris attaquèrent violemment le Cabinet à propos des tractations avec la Bulgarie. Se prévalant d'un discours du 28 septembre où Sir Edward Grey, tout en menaçant les Bulgares, leur réitérait des avances, ils prétendirent que l'Entente continuait de se ménager l'occasion de renouer des négociations aux dépens de la Grèce. M. Venizélos répondit « que des affirmations formelles et officielles lui avaient été données que les promesses concernant les concessions à la Bulgarie, même de la part de la Serbie, pouvaient être considérées dorénavant comme caduques selon l'expression française ». Il ajouta : « Je suis même certain que, si, dernièrement, il n'avait pas existé en Bulgarie un malentendu sur notre politique, malentendu dû peut-être à ce que, dans les derniers jours du gouvernement de l'honorable M. Gounaris, les idées du gouvernement avaient subi une certaine altération ou un certain ébranlement, si, dis-je, la Bulgarie ne s'était pas trouvée dans l'erreur sur les déclarations de la Grèce dans cette question, j'ai lieu de croire qu'elle ne se serait pas décidée à mobiliser au risque d'allumer l'incendie dans les Balkans ». C'était un coup droit porté à M. Gounaris. L'ancien président rompit et se déroba. Pressé par son successeur, il n'osa pas nier qu'un changement dans le sens indiqué fût survenu dans les derniers jours de son ministère. Sa connivence avec l'Allemagne se trouvait ainsi établie. Comme il n'avait agi que d'accord avec le roi, le conflit entre la Couronne et le gouvernement devenait inévitable.

Il se produisit à propos du *casus fœderis*. M. Venizélos déclara catégoriquement que la Grèce était tenue de secourir la Serbie en vertu du traité du 3 juin 1913, conclu pour une durée de dix ans. Voici, sur ce point, l'extrait du compte rendu officiel de la séance :

En ce moment, j'estime n'avoir plus le droit de cacher ni à la représentation nationale, ni au pays, le fait que le traité de notre alliance avec la Serbie est un traité général, un traité défensif, sur la base duquel chacun des États s'engage à aider l'autre, si l'un d'eux, sans provocation de sa part, était attaqué par un tiers.

M. Popp. — Un tiers quelconque ?

M. Venizélos. — Il n'y a pas quelconque, il y a tiers. C'est sur la base de ce traité, Messieurs, que, lorsque en mai 1914 nos relations avec l'empire ottoman ont pris une tournure aiguë, nous nous adressâmes à la Serbie, lui expliquant les motifs pour lesquels nous allions affronter une nouvelle guerre contre la Turquie, guerre que nous considérions comme défensive, même si nous attaquions, nous les premiers, car les provocations de l'autre côté étaient devenues intolérables. C'est donc sur cette base que nous nous sommes adressés à la Serbie pour invoquer son concours dans le cas où, durant cette guerre, nous aurions été attaqués par un autre État.

Le président du Conseil aurait pu s'en tenir là. Mais, conformément à son caractère, et peut-être pour prévenir au moyen d'un vote formel de la Chambre certaines résistances qu'il prévoyait chez le roi, il aborda l'éventualité des hostilités avec les deux empires centraux. Voici ses paroles :

*Je ne vous propose certainement pas de déclarer la guerre à l'Allemagne et à l'Autriche Mais si, Messieurs, en appliquant le programme de notre politique nationale, si, remplissant un devoir d'honneur pour nous, remplissant nos devoirs d'alliance, défendant les intérêts vitaux de la nation, nous nous trouvions en face des puissants, je suis certain que, tout en exprimant notre regret, nous ferions notre devoir... (Applaudissements.)*

*Devant le danger manifeste qui nous arrive du Nord pour nous enlever ce que nous avons conquis au cours des deux dernières guerres, j'aurais été irrésolu et lâche en ne m'empressant pas de prendre des décisions que le devoir, l'honneur, l'intérêt suprême imposent à la nation. (Applaudissements prolongés.)*

Après une discussion passionnée, ces déclarations furent approuvées par 147 voix sur

257 votants. En comptant les neuf ministres qui s'étaient abstenus, la majorité effective était de 46 voix. Ce n'était pas énorme. Mais, si l'on tient compte des conditions où s'étaient faites la dissolution et les élections, et de la véhémence des débats, la majorité était forte. Elle se fût certainement approchée de l'unanimité, si l'on n'avait pas senti le souverain derrière M. Gounaris. En somme la manœuvre royale contre M. Venizélos avait échoué. Constantin Iᵉʳ aurait dû le reconnaître. Il se serait dégagé devant ses complices de Berlin en disant qu'il avait fait pour eux tout ce qu'il pouvait, mais que, souverain constitutionnel, il lui était interdit d'aller au delà. A défaut d'autres qualités, il est obstiné. Il résolut de passer outre au vote de la Chambre. Prenant prétexte de l'allusion aux hostilités contre les empires centraux, dont on n'avait point parlé, paraît-il, au Conseil des ministres tenu avant la séance, il signifia à M. Venizélos qu'il était sorti de ses attributions et lui marqua qu'il devait remettre sa démission. C'était l'aveu le plus clair d'engagements secrets envers l'Allemagne. Le roi n'aurait jamais osé se résoudre à pareil éclat si des

engagements personnels ne se fussent opposés
à l'accomplissement de son devoir de souverain
constitutionnel. Il donna la préférence aux
premiers. Le ministre affronté aurait pu tenir
tête. Il aima mieux céder.

## VI

## Le rôle du roi Constantin et celui des puissances protectrices.

Ces deux décisions du 5 octobre 1915 ont
eu d'immenses conséquences. Celle du roi
n'est justifiable, ni excusable sous aucun rapport. Elle constitue une violation de son serment d'avènement et une trahison envers la
patrie. Celle du ministre est discutable. Les
Grecs des siècles futurs s'échaufferont peut-
être à son sujet comme ceux des siècles passés
ont retourné en mille sens la question de
savoir ce qui serait arrivé si Alexandre le Grand
n'était pas mort prématurément. Que serait-il
arrivé si M. Venizélos avait conservé le pouvoir

malgré Constantin I^er ? Naturellement on ne le saura jamais. M. Venizélos a longuement développé les raisons de sa docilité dans son interview du 13 mai dernier. Il affirme que, livré à ses propres ressources, il n'eût pu résister efficacement au roi ; ne pouvant compter sur le concours de l'armée dont les cadres étaient en majorité dévoués au souverain, il eût provoqué l'écrasement du parti libéral en cas de guerre civile. Ces justifications prouvent surtout que l'ancien révolutionnaire crétois avait évolué, qu'il était devenu plus enclin aux conseils de la réflexion qu'aux hardiesses de l'inspiration et qu'il comptait plus sur le temps que sur la force. Mais elles montrent aussi que, si M. Venizélos n'avait pas été abandonné à ses propres ressources, il aurait pu triompher du roi.

Depuis son second renvoi, M. Venizélos n'a laissé échapper aucune récrimination contre les trois puissances protectrices. Il a gravi le calvaire sans se plaindre. Il est soutenu par une foi patriotique invincible. Il espère dans les réparations de l'avenir. Mais les responsabilités de la France, de l'Angleterre et de la Russie n'en sont pas moins grandes. Durant toute une année, les trois Cabinets alliés avaient « saboté » la politique balkanique. Ils avaient laissé la Turquie donner asile aux bateaux de guerre allemands, fermer les Détroits à la navigation commerciale, et organiser la défense des Dardanelles par des officiers allemands substitués à ceux de la mission navale britannique. Puis, déçus par leurs chers amis de Constantinople, ils s'étaient ingéniés à leur chercher des ennemis. Au lieu de reformer contre la Turquie la ligue victorieuse de l'été 1913 contre la Bulgarie, son associée actuelle, ils avaient offert avec persistance à Sofia les territoires des membres de cette ligue, notamment de la Serbie, leur alliée effective, et de la Grèce, leur alliée espérée. Ils avaient compromis leur ami le plus chaud et le plus ferme en Grèce et, lorsque cet ami, dont l'appui leur était indispensable pour la réalisation de leurs desseins, était attaqué par son souverain, ils l'abandonnaient. Au moment où des troupes franco-anglaises débarquaient à Salonique pour accourir au secours de la Serbie, la France et l'Angleterre laissaient chasser le ministre qui les avaient appelées, et remettaient le sort du corps expéditionnaire entre les mains d'un souverain parjure. Quelle aberration et quelle imprudence ! Le ministre de France s'efforça bien d'inspirer à M. Venizélos des idées de résistance et d'énergie. Mais il ne disposait que de son éloquence et n'était point soutenu par des collègues dont un se réjouissait intérieurement de la décomposition grecque et dont deux autres défendaient la personne du roi et la dynastie.

C'est pendant ces premiers jours d'octobre que se joua le sort de l'Hellade et de l'expédition de Salonique. Les deux questions étaient liées. Dès le 23 septembre, jour de la publication du décret de mobilisation grec, M. Venizélos avait demandé aux ministres d'Angleterre et de France l'envoi de 150.000 combattants destinés à remplacer le même nombre de troupes que la Serbie devait mettre en ligne sur sa frontière méridionale, aux termes du traité du 3 juin 1913, pour bénéficier du *casus fœderis*. Les Cabinets de Londres et de Paris avaient acquiescé. Désireux de réparer leurs erreurs précédentes, ils avaient pris avec activité les mesures d'exécution nécessaires. Constantin I<sup>er</sup> avait cherché à se dérober et M. Venizélos avait dû adresser le 2 octobre une protestation de pure forme ($^1$) à M. Guillemin qui venait de lui notifier la prochaine arrivée d'un premier contingent de troupes françaises à Salonique. Le débarquement commença le 5 octobre à trois heures de l'après-midi ($^2$). M. Venizélos venait de remettre sa démission à une heure. Est-il concevable que, dans de telles conjonctures, les Cabinets de Londres et de Paris et leurs agents à Athènes, prévenus des mauvaises intentions du roi, n'aient pas tout mis en œuvre pour en conjurer l'effet ? Il ne servait de rien d'organiser une expédition militaire si l'on ne se préoccupait pas de lui assurer un accueil amical et le champ libre dans le pays qui allait lui servir de base d'opérations. Toute la combinaison était fondée, sinon sur la coopération militaire grecque, du moins sur le concours politique de la Grèce. Dès lors, comment les auteurs de l'entreprise pouvaient-ils assister les bras croisés au renvoi de M. Venizélos ? Si les Cabinets de Paris et de Londres avaient agi aussi énergiquement que celui de Berlin, M. Venizélos aurait trouvé

---

($^1$) « Pour préserver la neutralité jusqu'au moment où le *casus fœderis* se présenterait. »
($^2$) Le général Sarrail arriva le 12.

dans leur appui la force requise pour mater le roi. Ils alléguèrent qu'il ne leur était point permis d'intervenir dans les affaires intérieures d'un État étranger. Cette excuse, que les organes officieux répétèrent à satiété, est pitoyable.

Elle n'eût déjà rien valu si l'Angleterre, la France et la Russie n'avaient été liées à la Grèce par aucun traité. En effet, le ministère grec en fonctions était issu d'élections générales qui lui avaient donné une majorité imposante après une campagne où ses adversaires, alors au pouvoir, avaient pris pour programme la neutralité et pour drapeau la personne du roi. Le pays, solennellement consulté par voie de dissolution, s'était prononcé pour la politique d'accord avec la Triple Entente contre la politique de M. Gounaris et du roi. Suivant la Constitution, le gouvernement devait être librement exercé par le chef du parti vainqueur. En chassant pour la seconde fois ce chef du pouvoir, pour une raison identique à celle qui avait déterminé son premier renvoi, le roi se rendait coupable d'un acte inamical à l'égard de l'Entente. Il se mettait à la fois en rébellion contre la Constitution et en hostilité avec les trois puissances qui possédaient les sympathies déclarées du pays. Ces puissances se trouvaient donc vis-à-vis de lui en état de légitime défense.

Mais elles possédaient un autre droit. En vertu des traités du 6 juillet 1827, du 3 février 1830, du 7 mai 1832, du 13 juillet 1863, et du 29 mars 1864, elles étaient instituées puissances protectrices de la Grèce, garantes de son indépendance et de sa Constitution. Le traité de 1863 était particulièrement probant. Conclu à la suite de la déchéance prononcée contre le roi Othon en raison du mauvais gouvernement et de l'attitude anticonstitutionnelle de ce souverain, il stipulait que les trois puissances appelaient au trône hellénique le prince Guillaume de Danemark (Georges I<sup>er</sup>) afin de réaliser les vœux de la nation grecque. L'article III était ainsi conçu : « La Grèce, sous la souveraineté du prince de Guillaume de Danemark et la garantie des trois Cours, forme un État monarchique, indépendant, constitutionnel ». L'article X constituait au nouveau roi une dotation personnelle avec le montant des créances sur le Trésor grec dont chacune des trois Cours faisait abandon. D'après l'article XI, les trois Cours devaient s'employer à

faire reconnaître le prince Guillaume en qualité
de roi des Grecs par tous les souverains et
États avec lesquels elles se trouvaient en relations. Jamais droit d'intervention ne fut mieux
établi.

Dans les premiers jours d'octobre 1915,
Constantin I$^{er}$ n'avait pas encore commis la
série d'actes attentatoires à l'indépendance et
à la Constitution de la Grèce qui marquèrent
les dix-huit mois suivants. Mais tous ces actes
étaient en germe dans la décision du 5 octobre.
Il était évident que, si le roi renvoyait le ministre dont les électeurs et la Chambre venaient, en pleine connaissance de cause, d'approuver la politique, c'était pour inaugurer,
avec toutes ses conséquences, le régime absolutiste réprouvé par le traité de 1863. En montant sur le trône, Constantin I$^{er}$ avait prononcé
le serment suivant, devant les représentants
de la nation : « Je jure, au nom de la Sainte
Trinité consubstantielle et indivisible, de protéger la religion dominante des Hellènes, d'observer la Constitution et les lois de la nation
hellénique, et de conserver et défendre l'indépendance nationale et l'intégrité de l'État
grec. » Le 5 octobre, il avait manqué à ce ser-

ment. Il avait bafoué le pays et ses représentants légaux. Il avait compromis l'indépendance nationale et l'intégrité de l'État. Les puissances protectrices devaient-elles attendre, pour protester, que le pays fût foulé aux pieds, son indépendance supprimée et son intégrité entamée ? Elles avaient non seulement le droit, mais le devoir de s'interposer immédiatement entre le peuple et le roi. Leur inertie fut en grande partie la cause des catastrophes qui suivirent.

Des hommes responsables ont prétendu que le coup d'État de Constantin I<sup>er</sup> devait engager la France et l'Angleterre non pas à briser la résistance du roi, mais à renoncer à l'expédition de Salonique. C'est un singulier raisonnement. Ces deux puissances, d'accord avec la Russie, avaient jugé nécessaire de se porter au secours de la Serbie, leur alliée commune, en utilisant le territoire et le concours de la Grèce, alliée elle aussi de la Serbie. Les mauvais procédés de Constantin I<sup>er</sup> rendaient ce secours encore plus nécessaire et plus urgent. Au lieu de changer leur plan, les puissances garantes devaient en poursuivre l'exécution avec un redoublement d'énergie. En baissant pa-

villon devant le roi, en retirant de Salonique
les troupes qui venaient d'y arriver, en délais-
sant la Serbie, elles se fussent couvertes de
honte. De plus, elles auraient abandonné tout
l'Orient, avec ses ressources et ses côtes,
à l'Austro-Allemagne. Bientôt elles n'auraient
plus pu maintenir leur navigation dans la Méditerranée orientale, ni sur la route de Suez.
Elles le comprirent. Malheureusement elles
manquèrent de logique et de conscience. Elles
livrèrent le peuple grec à un despote et se
confièrent au hasard.

# VII

## Le ministère Zaïmis, la dissolution de la Chambre et le ministère Scouloudis.

AUSSITÔT M. Venizélos renvoyé par le roi, les conséquences de la passivité des trois puissances protectrices devant le coup d'État de Constantin Ier se dressèrent devant elles. Ce ne fut plus la participation de la Grèce aux hostilités contre les empires centraux qui fut en question, ce fut l'exécution du treité d'alliance gréco-serbe. Le monarque avait demandé à M. Venizélos sa démission sous le prétexte que le président du Conseil avait mis en cause, sans y être autorisé, l'Allemagne et l'Autriche-

Hongrie. Mais le traité gréco-serbe subsistait intégralement, la Chambre avait réclamé son application, et le nouveau gouvernement aurait dû se conformer à la fois aux obligations contractées envers l'alliée de la Grèce et aux injonctions de la Chambre. C'était si clair que M. Zaïmis, le nouveau président du Conseil, n'osa pas tout de suite prendre position en sens contraire. En se présentant devant la Boulè, le 11 octobre, il ne répudia pas les engagements envers la Serbie. Il se réserva seulement la faculté d'adapter la politique de la Grèce aux événements « afin de mieux assurer les intérêts vitaux de la nation ». Il déclara même que sa politique « s'appuyait sur les mêmes bases que la politique suivie par la Grèce depuis le début de la guerre européenne ». Il ne dit rien de ce qu'il ferait si la Serbie était attaquée par les Bulgares. En fait, il permit que les alliés de la Serbie fissent passer leurs troupes sur le territoire grec pour aller secourir les armées du roi Pierre. « Vos troupes, dit-il aux ministres de l'Entente, continueront d'être accueillies avec sympathie en Macédoine. » Aussi M. Venizélos ne crut-il pas devoir rompre immédiatement avec son successeur. Il se défendit de vouloir jeter le pays dans des troubles intérieurs et promit de donner son appui au gouvernement « aussi longtemps que celui-ci ne renverserait pas les bases de la politique venizéliste ».

De cette manière le ministère « œcuménique (1) » put s'installer sans opposition et s'emparer sans troubles de tous les instruments du pouvoir. De son côté, le roi eut le champ libre pour ses négociations. Grâce à l'excès de scrupules de M. Venizélos et à l'inertie de la Triple Entente, il franchit sans accident le passage dangereux du chemin qui le menait à la dictature. Dès lors il n'eut plus besoin de se gêner. Maître de l'état-major et de l'armée, débarrassé de tout contrôle, il se sentit en mesure de résister à toutes les pressions parlementaires ou constitutionnelles. D'ailleurs, son prestige s'accroissait en raison du succès de ses actes d'autorité. Ses louanges étaient chantées sur le ton de l'adoration par un chœur de journalistes richement rétribués par la propa-

---

(1) Le ministère fut ainsi baptisé par l'opinion publique parce qu'il comprenait cinq anciens présidents du Conseil : MM. Zaïmis, Théotokis, Dragoumis, Rhallys et Gounaris.

gande du baron Schenk. M. Zaïmis put donc, sans provoquer de nouvelle crise, rejeter purement et simplement l'obligation de secourir la Serbie. Dès le surlendemain de la séance où M. Venizélos lui avait accordé une confiance parlementaire provisoire, le 13 octobre, il notifia à M. Pachitch que le traité gréco-serbe visait exclusivement l'hypothèse d'une attaque par la Bulgarie seule et que, par suite de l'entrée en ligne de l'Allemagne et de l'Autriche-Hongrie contre la Serbie, il devenait inapplicable.

Cette interprétation, contraire à la lettre même du traité, qui n'établissait aucune distinction, était blessante à la fois pour la Chambre qui s'était prononcée dans le sens opposé, pour la Serbie, et pour les puissances protectrices ses alliées. Le Cabinet Pachitch but la lie du calice sans récriminations. Probablement dans l'espoir que les relations amicales avec la Grèce reprendraient plus tard et dans le désir de ménager un État dont le voisinage lui était précieux, il ne rompit pas avec le gouvernement parjure. Il ne publia même pas le texte des articles dont la divulgation aurait révélé la mauvaise foi du Cabinet d'Athènes. Quant aux puissances protectrices, elles se flattèrent de regagner Constantin moyennant de nouveaux avantages. L'Angleterre lui offrit, pour prix du secours à la Serbie, la cession de l'île de Chypre qu'elle possédait depuis 1878 en vertu du traité conclu le 4 juin de cette année avec la Turquie. En d'autres temps, la perspective de l'acquisition de Chypre, cette grande île comptant 285.000 habitants dont 235.000 Hellènes, eût soulevé l'enthousiasme de la Grèce. Sir Edward Grey s'imaginait vraisemblablement qu'elle suffirait soit à retourner le roi, soit à permettre à l'opinion d'exercer sur lui une pression décisive. Il n'avait pas mesuré toute l'étendue des ravages de la mauvaise politique antérieure et de l'influence germanique. M. Zaïmis refusa d'un geste dédaigneux ce cadeau inespéré, subordonné à la seule condition que la Grèce donnerait son concours militaire à la Serbie, quelle que fût l'issue de la guerre. Dans une note du 22 octobre au Cabinet de Londres, il déclara que l'attaque austro-allemande dégageait la Grèce de l'obligation d'intervenir par les armes, le traité de 1913 ayant exclusivement en vue une guerre balkanique. Ce refus valait une preuve écrite de la connivence de Constantin Ier avec l'Allemagne. Pour que le gouvernement grec ne sautât pas avec empressement sur l'occasion d'incorporer au royaume une si belle province, il fallait qu'il eût d'autres promesses plus alléchantes. D'après les confidents de M. Venizélos (1), ces promesses consistaient dans un agrandissement en Albanie et dans l'annexion du Dodécanèse et de l'île de Chypre. Or, si le sort de l'Albanie dépendait dans une certaine mesure de l'Austro-Allemagne, celui du Dodécanèse et de Chypre dépendait des grandes puissances maritimes. Il eût donc fallu que celles-ci fussent anéanties pour que la promesse de Guillaume II fût réalisée. Pourtant la foi de Constantin Ier dans la victoire germanique était si forte qu'il préféra ce « tu l'auras » au « tiens » de l'Angleterre. Sans se préoccuper davantage des conséquences de cette situation, la France et l'Angleterre poursuivirent en Macédoine l'œuvre que leur imposaient les circonstances.

Avec la Boulè, par contre, la rupture ne

---

(1) Interview de M. Diomède, ancien ministre, dans la *Gazette de Lausanne* du 6 juin 1917.

tarda pas à être consommée. Le nouveau ministre de la guerre, le général Yannakitsas, se comporta de façon si irrespectueuse devant la Chambre que M. Venizélos provoqua un débat politique au cours duquel il prononça deux grands discours (séance du 3 novembre continuée le 4 jusqu'à 4 heures du matin). Le général Yannakitsas ayant refusé d'exprimer des regrets et le Cabinet s'étant rallié à ce refus malgré l'avis contraire de trois de ses membres, M. Venizélos posa la question de confiance. Démasquant le ministère, il dénonça le caractère inconstitutionnel de son pouvoir. Il soutint que la monarchie constitutionnelle grecque était une république ayant à sa tête un roi. Comme le nom du roi fut alors prononcé, il s'expliqua sur l'intervention du souverain dans les termes suivants :

*J'admets le désaccord entre la Couronne et le gouvernement responsable tant que la Couronne croit que celui-ci ne se trouve point en harmonie avec l'opinion du peuple. C'est dans ces conditions qu'a eu lieu le changement de politique en février 1915. C'est dans cet esprit qu'a eu lieu en février le désaccord entre la Couronne et le gou-*

*vernement. Mais ce désaccord a été supprimé par le vote du peuple. Si vous croyez que la Couronne est excusable, suivant le sens de notre régime parlementaire, de ne point prendre en considération la volonté accomplie par de libres élections, libres du moins dans le sens de la lutte de l'opposition, non pas libres par l'exercice des moyens employés par le gouvernement; si vous croyez que la Couronne a le droit, après que l'appel a été fait au peuple et que ce dernier s'est prononcé, de ne pas suivre la volonté manifestée par le peuple, mais de procéder à une nouvelle dissolution pour demander le soi-disant verdict du peuple et de nouveau un autre verdict de ce dernier, alors cela signifie que vous admettez que le régime libéral grec sous lequel nous avons vécu pendant un demi-siècle est devenu pire qu'un chiffon de papier, comme d'aucuns ont qualifié les traités internationaux.*

MM. Gounaris et Théotokis s'efforcèrent alors de démontrer que les combinaisons de M. Venizélos conduisaient la Grèce à la ruine et que le *casus fœderis* avec la Serbie n'était pas applicable. Comme cette séance fut la dernière de la Chambre et que ce fut pour M. Venizélos la

dernière occasion de défendre sa politique devant les représentants légaux du pays, il est
intéressant de reproduire plusieurs passages de
son discours qui ont une importance historique
et dont les dépêches d'Athènes donnèrent alors
une analyse incomplète et obscure. En réponse
au reproche d'avoir voulu céder à la Bulgarie,
au commencement de 1915, les districts de
Drama, Cavalla et Sérès, il fournit les éclaircis-
sements suivants :

*Il s'agissait seulement des trois cazas de Cas-
valla, Drama et Sari-Chaban, c'est-à-dire d'une
étendue d'environ deux mille kilomètres carrés.
J'ai proposé la cession de ces trois cazas dans
les conditions et présuppositions suivantes :*

*Premièrement : nous recevrions les cazas de
Doiran et de Guevguéli d'une étendue de 1.000 à
1.200 kilomètres carrés, soit une étendue égale à
la moitié environ du territoire cédé en Macédoine
orientale. Au point de vue de la richesse, ils
étaient certes d'une valeur très inférieure ; mais
au point de vue stratégique ils sont beaucoup
plus précieux. De plus nos concessions à la Bulgarie étaient faites pour acheter non pas la neutralité de la Bulgarie, mais sa coopération contre*

la Turquie afin que la Bulgarie attaquât cette dernière du côté de la Thrace, pendant que nous l'attaquerions du côté de l'Asie Mineure, rendant ainsi plus rapide la destruction de l'empire ottoman.

En outre, nous cédions les 2.000 kilomètres carrés à la condition que les puissances de l'Entente reconnaîtraient que les concessions qu'elles nous avaient promises, de vastes concessions territoriales, auraient l'étendue que je traçais dans mon second mémoire au roi... Si vous voulez trouver quelle étendue probable pouvait avoir la concession de Smyrne avec la principale partie de son hinterland, il faut prendre en considération que l'Hermos et le Méandre appartiennent naturellement à cet hinterland, et que leurs thalwegs arrivent à une étendue de 275 kilomètres à l'intérieur de l'Asie Mineure.

De plus, je demandais la nomination d'une commission internationale qui aurait procédé à l'échange des populations après que les limites définitives de la Grèce et de la Bulgarie auraient été tracées. La Bulgarie aurait en outre racheté les biens des habitants des pays cédés qui auraient voulu émigrer dans la nouvelle Grèce, la grande Grèce qu'aurait créée ma politique, cette politique que vous n'avez pas suivie...

Il n'est pas permis à M. Théotokis de dire que, puisque nous étions disposés à céder Cavalla et Sari-Chaban, il fallait être aveugle pour ne pas comprendre que la Bulgarie, en recevant ces pays ainsi que toutes les possessions serbes de la Macédoine, serait devenue colossalement puissante et dangereuse pour nous. Car la Bulgarie n'aurait reçu de la Serbie que la zone non contestée qui revenait à la Bulgarie par le traité bulgaro-serbe conclu avant la guerre.

Cette zone non contestée avait une étendue d'environ 10.000 kilomètres carrés. Si vous y ajoutez les 2.000 kilomètres carrés que nous aurions cédés en Macédoine orientale, si vous y ajoutez encore 14.000 kilomètres carrés que la Bulgarie aurait reçus en Thrace avec la ligne Enos-Midia, vous trouverez que la Bulgarie se serait accrue de 25.000 kilomètres carrés environ ; elle aurait donc eu, dans l'ensemble, une étendue de 140.000 kilomètres carrés. Comment pourrez-vous donc soutenir que cette Bulgarie aurait été dangereuse en face de la Grèce qui, par son extension en Asie Mineure, aurait mesuré 250.000 kilomètres carrés ?

Quant au traité gréco-serbe, M. Venizélos déclara que, loin de n'avoir pas voulu l'appliquer au commencement de la guerre, comme ses adversaires le prétendaient, il s'était mis d'accord à ce sujet avec le Cabinet de Belgrade dès le mois d'août 1914. Il constata qu'il était également inexact que la Serbie, en des circonstances analogues (en mai 1914), eût refusé son concours à la Grèce (¹). Passant ensuite à la question du contingent de 150.000 hommes que la Serbie devait, aux termes du traité, mettre en ligne contre la Bulgarie pour que jouât le *casus fœderis*, il fixa ces deux points : 1º la France et l'Angleterre avaient promis d'envoyer 150.000 hommes pour remplacer le contingent serbe ; 2º la Serbie avait mis en ligne 120.000 hommes contre la Bulgarie, de sorte qu'il manquait seulement 30.000 hommes pour que, du fait seul de la Serbie, la stipulation du traité fût observée. Puis, laissant de côté l'interprétation du traité, M. Venizélos s'efforça

-------

(¹) Plus tard, dans son journal hebdomadaire le *Kiryx*, M. Venizélos relata qu'en mai 1914 M. Pachitch avait fait savoir à la Porte que, si la guerre éclatait entre elle et la Grèce, la Serbie ne resterait pas indifférente.

de prouver que, avec ou sans traité, la Grèce devait se porter au secours de la Serbie :

*M. Théotokis attend le salut des puissances centrales. Je lui dis, moi, que la Grèce ne peut pas non seulement s'agrandir, mais même subsister dans ses limites actuelles, si elle se trouve en opposition avec les puissances maîtresses de la mer... J'ai le droit de vous dire aujourd'hui que vous ne voyez pas clair si vous admettez que, dans le cas où la Serbie serait écrasée et où la Bulgarie occuperait une grande partie des territoires de ce royaume, il sera facile, quelle que soit l'issue finale de la guerre, de déloger la Bulgarie des territoires qu'elle aura occupés. Croyez-vous qu'après la fin de la guerre européenne, les peuples ayant pris part à cette lutte épuisante permettront jamais à leurs gouvernants de marquer la signature de la paix par le commencement d'une nouvelle guerre, d'une guerre contre la Bulgarie, pour l'obliger à retirer ses armées des lieux qu'elle revendique ? Je vous répète encore une fois qu'en poursuivant votre politique vous n'assurez qu'une seule chose : la création d'une grande Bulgarie qui, avant que nous arrivions à fêter le centenaire de notre indépendance,* se *ruera contre nous, plus faibles militairement,* *sans amis et sans alliés.*

Ensuite, M. Venizélos mit en face l'une de l'autre les deux Grèces aux prises :

*Nous avons l'ancien monde de la Grèce repré-* *senté par le nouveau Cabinet ; nous avons le nou-* *veau monde, le monde d'après la révolution, re-* *présenté par le parti libéral. La vieille idéologie* *que représente le Cabinet actuel est celle qui* *croyait que la Grèce ne pouvait produire une* *armée de plus de 60.000 hommes ; celle qui* *croyait que la Grèce ne devait contracter aucune* *alliance pour la réalisation de ses revendications* *nationales ; c'est la Grèce dont les vues pour nos* *revendications nationales étaient nébuleuses,* *étaient indécises autant qu'indéfinies, c'est la* *Grèce dont la préparation était diamétralement* *contraire à la grandeur de ses revendications.* *Nous ne nous rendions pas compte alors du point* *jusqu'où pouvaient s'étendre nos justes revendi-* *cations légitimes. Nous les étendions souvent* *si loin que ceux des hommes politiques qui se* *contentaient de n'étendre nos frontières du* *nord que jusqu'à Kroussovo étaient accusés* par nous de trahir les droits de l'hellénisme.

Il est donc naturel qu'aujourd'hui encore, quand se présentent de nouveau devant la Grèce des faits analogues à ceux de 1912, il est naturel que nos conceptions politiques soient aussi distantes les unes des autres que les deux pôles. A l'heure actuelle comme du temps jadis, vous ne voulez pas la guerre avec des alliés. Et quand je vous dis que le calice n'est pas définitivement éloigné, qu'il ne l'est que provisoirement pour revenir de nouveau à vos lèvres afin que vous le vidiez jusqu'à la lie, vous nous dites : « Eh bien, c'est à vous la faute, à vous qui nous avez conduits jusqu'aux bords du Nestos. » (Applaudissements.)

Ne croyez-vous pas, messieurs, qu'alors la Grèce nouvelle a le droit de dire à l'ancienne : « Messieurs, devant les grandes difficultés qui se présentent, vous avez, de nouveau, le devoir de vous écarter et de faire place à la Grèce nouvelle qui possède la force d'âme nécessaire pour faire face à la nouvelle situation ? (Bravos et applaudissements prolongés.)

Par 147 voix contre 114 et trois bulletins blancs, la Chambre vota l'ordre du jour du

parti libéral déclarant insuffisantes les déclarations du gouvernement et blâmant la conduite du ministre de la guerre.

Le premier geste du roi fut de nommer le
général Yannakitsas son aide de camp général.
Puis il accepta la démission de M. Zaïmis et
chargea de la formation du nouveau Cabinet
M. St. Scouloudis, un octogénaire, qui n'avait
été qu'une seule fois ministre et pendant cinq
mois seulement, en 1897, dans le Cabinet Rhallys où il détenait le portefeuille des affaires
étrangères. M. Scouloudis reprit ce portefeuille
et garda presque tous les membres du Cabinet
Zaïmis, y compris M. Gounaris et le général
Yannakitsas. Le seul nouveau collègue dont il
s'assura la collaboration fut M. Michélidakis,
un Crétois, rival obstiné de M. Venizélos. Cet
ensemble d'actes constituait une déclaration
de guerre à la Chambre, au parti libéral et à
M. Venizélos. Aussi fut-il suivi d'un décret de
dissolution. En un mois la Grèce avait atteint
la dernière étape vers l'absolutisme.

Cette évolution fut présentée sous l'aspect
le plus anodin par les royalistes. Suivant eux,
la Constitution conférait au roi, sans aucune
limitation, le pouvoir de révoquer ses ministres

et de dissoudre la Chambre ; en conséquence
Constantin I<sup>er</sup> restait dans les limites de la
Constitution en changeant ses ministres et en
dissolvant la Chambre autant de fois qu'il le
jugeait utile. En effet la Constitution grecque
ne contenait pas de réserves sur l'usage de la
faculté de révoquer les ministres et de dissoudre
la Chambre. Mais il en est généralement de
même dans les autres pays parlementaires.
L'usage corrige les lacunes des textes. Aucun
texte ne peut résoudre d'avance tous les conflits susceptibles de s'élever entre les pouvoirs
publics. Si la faculté de changer les membres du
gouvernement et de dissoudre le Parlement était
illimitée en fait, le régime constitutionnel équivaudrait à celui du bon plaisir. En dernier
ressort, c'est le pays qui décide, c'est-à-dire
que, lorsque le souverain fait de ses prérogatives un usage évidemment contraire à l'es-
sence du régime, le pays signifie sa volonté au
souverain par des actes décisifs. Cela s'était
ainsi passé en Grèce en 1863, comme en France
en 1830. Il ne se produisit rien de pareil à
Athènes en novembre 1915 parce que le chef
de la majorité ne le voulut pas et que les puissances protectrices ne l'encouragèrent pas. En

novembre, les difficultés pour triompher du roi étaient sensiblement plus grandes qu'en octobre. Le chef du dernier gouvernement légal ne disposait plus d'aucun des éléments de la force publique ; ils étaient tous entre les mains de ses adversaires. Il était donc logique qu'après s'être incliné en octobre il s'inclinât encore en novembre. En politique les événements s'enchaînent irrésistiblement.

La même logique engageait les trois puissances protectrices à se fier aux protestations protocolaires d'amitié du roi et de ses nouveaux ministres. Sous ce rapport M. Scouloudis fit bonne mesure. Dans une note du 9 novembre adressée aux puissances de l'Entente en 'réponse à une note énergique des quatre ministres, il leur donna « l'assurance la plus formelle de sa ferme résolution de continuer la neutralité avec le caractère de la plus sincère bienveillance » à leur égard, et leur promit toutes les garanties nécessaires pour la liberté et la sécurité de leur action militaire et navale. « Le nouveau Cabinet, ajouta-t-il, fait siennes les déclarations de M. Zaïmis au sujet de l'attitude du gouvernement royal vis-à-vis des troupes alliées à Salonique. Il a trop conscience des vrais intérêts du pays et de ce qu'il doit aux puissances protectrices de la Grèce, pour s'écarter le moins du monde de cette ligne de conduite ». En même temps les confidents de Constantin I$^{er}$ dans les capitales de l'Entente disaient à qui voulait les entendre qu'on avait mal pris le roi jusque-là et qu'il suffirait désormais de le débarrasser de M. Venizélos pour que la plus heureuse harmonie s'établît entre la Cour d'Athènes et l'Entente. C'est sur ces bonnes paroles que le corps expéditionnaire franco-anglais débarqué à Salonique depuis un mois s'engagea en Macédoine.

# VIII

## Les nouvelles élections générales et l'écrasement de la Serbie.

**T**RISTES furent les mois qui suivirent. Tandis que notre corps expéditionnaire s'épuisait en vains efforts pour tendre la main aux Serbes refoulés par des forces très supérieures, la dictature royale s'étendit sur toute la Grèce. Les puissances protectrices n'élevèrent aucune protestation. Elles affectaient de déclarer qu'elles entendaient éviter de s'immiscer dans les affaires intérieures grecques. Constantin Ier combla de compliments et de marques de bienveillance les membres des gouvernements français et anglais qui passèrent à Athènes. Successivement M. Denys Cochin et Lord Kitchener furent l'objet de témoignages d'amitié. Cependant, moins de quinze jours après son arrivée au pouvoir, M. Scouloudis annonçait l'intention de faire désarmer et interner les troupes alliées, soit serbes, soit franco-anglaises, qui viendraient à être repoussées sur le territoire grec. Enhardi par des complaisances inattendues et des confidences encourageantes de personnages de l'Entente hostiles à l'entreprise macédonienne, il prétendit appliquer strictement en l'espèce les règles ordinaires de la neutralité. Il fallût des « restrictions commerciales » et une note comminatoire pour le rappeler au respect des engagements de la Grèce et de ses propres déclarations du 9 novembre. Le 24 novembre, après une discussion pénible, il accepta de laisser aux troupes alliées la liberté de leurs mouvements et l'usage des voies et moyens de transport nécessaires. Mais un des membres de son Cabinet caractérisait exactement cet accord en disant : « Les choses se sont heureusement arrangées grâce à la profondeur de vues de l'Allemagne, qui a bien voulu ne pas mettre d'obstacles à notre neutralité bienveillante en faveur de l'Entente. »

En Grèce, les Alliés bénéficiaient non plus de
la bienveillance de la Grèce, mais de celle de
l'Allemagne. Guillaume II conseillait la patience à Constantin jusqu'au moment où les
armées des deux beaux-frères pourraient tomber
ensemble sur les nôtres.

Il n'y eut pas de campagne électorale. M. Venizélos invita ses amis à ne pas poser leur can-
didature, et les électeurs à s'abstenir. D'après
lui, l'abstention restait le seul moyen pour le
parti libéral de manifester sa force. En effet,
la moitié des votants se trouvait sous les armes,
y compris cinquante-trois députés venizélistes.
Le gouvernement se montrait prêt à donner
des permissions à ses partisans et à les refuser
à ses adversaires. La consultation électorale
se présentait comme une comédie, et les élus
n'étaient même pas sûrs de pouvoir siéger
puisque cela dépendait de l'autorisation des
autorités militaires. Si les libéraux partici-
paient au scrutin, le gouvernement ne manque-
rait pas de soutenir que le peuple avait ratifié
sa politique. Il valait mieux laisser aux anciens
partis, revenus illégalement au pouvoir, la responsabilité des événements. Dans une réunion
du parti libéral tenue chez lui, le 21 novembre,

M. Venizélos fit approuver cette tactique. Puis,
le même jour il publia un manifeste explicatif
dont voici la conclusion :

*Le gouvernement veut jouer une comédie poli-
tique indigne d'un peuple libre. C'est par dérision qu'il donne à cette comédie le nom de manifestation de la volonté nationale.*

*A cette comédie politique qui a précisément
pour objet de ne pas laisser se manifester la volonté nationale et de donner à croire par un
scrutin faussé que le peuple approuverait non
seulement la honte de la non-exécution d'un traité
d'alliance, qui a permis à la Grèce d'étendre ses
frontières jusqu'au Nestos, mais aussi l'avilisse-
ment de notre régime politique et l'éloignement
des amis naturels de la Grèce, — à cette comédie
politique, dis-je, le parti libéral a le devoir de
ne pas prendre part, afin de ne pas donner une
apparence de légalité à ce qui doit être dénoncé,
conformément à la réalité des choses, comme la
violation de la loi constitutionnelle et de la mo-
rale.*

*Le parti libéral, en ne participant pas aux
élections, n'abandonne pas la politique et ne se
dérobe pas à la lutte. Au contraire, par cette*

abstention, il continue à participer à la politique.

Il laisse au gouvernement, auteur de cette situation, la responsabilité pleine et entière et de la déviation de notre régime politique et des désastres auxquels cette politique conduit la nation. En même temps, notre parti essaye aussi de prévenir d'autres dangers, ceux qui pourraient résulter d'une lutte intestine, susceptible de devenir rapidement aiguë, au milieu d'une crise extérieure.

Quand la crise extérieure sera terminée, et si les désastres que nous prépare la politique du gouvernement ne prennent pas des proportions telles qu'en soit ébranlée notre foi dans l'avenir de l'hellénisme, le parti libéral sera prêt à entreprendre la lutte où le pays est poussé pour la défense de ses libertés constitutionnelles.

Quelle que puisse être l'acuité de cette lutte future, elle sera conduite, alors, dans des conditions moins dangereuses que si elle se produisait aujourd'hui, au milieu de la crise nationale la plus terrible que nous ayons traversée.

La restauration des libertés du peuple hellène sera la condition indispensable du salut de l'Etat. Seule elle pourra le préserver du marasme et d'une fin sans gloire, auxquels le conduirait *l'établissement définitif du despotisme dans notre pays.*

Le 19 décembre, jour du scrutin, 200.000 citoyens seulement votèrent, tandis qu'on avait compté 750.000 votants le 13 juin. Cela faisait un peu moins du cinquième des électeurs inscrits. Et pourtant le gouvernement avait déployé un vrai luxe de moyens de pression : suspension de l'inamovibilité de certains employés, déplacement de fonctionnaires, distribution de terres aux musulmans macédoniens, menaces aux directeurs et rédacteurs de journaux de l'opposition, espionnage, attentats à la liberté de réunion, etc. C'est cette Chambre ainsi élue qui servit de paravent au despotisme.

En fait, le roi délégua tous ses pouvoirs à son Cabinet militaire, présidé par le général Dousmanis, dont les ministres en titre devinrent les simples instruments. Avec la collaboration de l'attaché militaire d'Allemagne, l'état-major prépara la coopération éventuelle de l'armée hellénique avec les Germano-Bulgares venant du nord. Les brochures germaniques furent distribuées gratuitement à profusion dans les casernes où, par contre, la lecture des journaux libéraux fut interdite sous les peines les plus sévères. Des volontaires recrutés dans le 1er régiment du corps d'armée d'Athènes, dont le diadoque était colonel, formèrent une sorte de garde du corps du roi et d'agence de propagande. L'armée fut soustraite à ses devoirs militaires pour être employée à des besognes politiques. En 1909, M. Venizélos avait adopté la méthode précisément contraire. Quoique appelé en Grèce par la Ligue militaire, il avait procédé peu de temps après à sa dissolution et rendu l'armée à son travail professionnel. Il avait mis fin à l'anarchie et prévenu la guerre civile en remettant chacun à sa place, et en substituant la démocratie ordonnée à l'oligarchie démagogique. Constantin Ier rétablit le désordre, prépara la guerre civile, coupa le pays en deux à l'intérieur et livra ses frontières à l'ennemi extérieur. Le révolutionnaire crétois s'était conduit en homme d'État ; le roi se comporta en révolutionnaire (¹).

---

(¹) Le *Kiryx* après la crise, au mois de juin, décrivit ainsi la situation d'alors :

« On essayait d'étrangler l'âme nationale et de terroriser par la plus abjecte des terreurs, afin que ce peuple pliât devant les résultats funestes de la politique qu'on appliquait. Des armées entières d'espions et d'intrigants étaient constituées avec tous les éléments empressés à vendre toute conscience. Des citoyens, qui ne jouaient pas même un rôle dans la politique, étaient filés par des agents à la fois apparents et secrets, sans même pouvoir s'imaginer quelle calomnie politique était ourdie contre eux. Ceux qui se rencontraient dans les centres publics des deux villes n'osaient même pas s'interroger sur les nouvelles du jour, dans la certitude que les inconnus qui se tenaient auprès d'eux étaient d'ignobles mouchards chargés d'ourdir des calomnies. Ceux qui s'attablaient aux cafés et aux pâtisseries tournaient avec effroi leurs regards autour d'eux pour voir quel honnête individu se hâtait de s'asseoir à côté d'eux pour suivre leur conversation et en saisir un mot afin de leur adresser la parole avec une ingénuité insolente dans l'intention de provoquer une discussion et de crier à ces innocents qu'ils insultaient le roi !

« Des citoyens très honorables étaient traînés devant l'autorité judiciaire sur des plaintes calomnieuses ; ceux qui osaient blâmer la conduite du gouvernement recevaient des lettres menaçantes où on leur déclarait de prendre garde à leur tête. Des automobiles et des voitures étaient arrêtées en chemin et l'on demandait aux passagers qui ils étaient, d'où ils venaient et où ils allaient. Devant maintes maisons se tenaient des surveillants secrets, tenant une liste de ceux qui entraient et qui sortaient, suivant, comme des chiens « fidèles », tout mouvement des habitants. Des hommes de toute condition et du caractère le plus pacifique étaient fouillés pour port d'armes, tandis que près d'eux passaient ostensiblement les séides du gouvernement. Tout gibier de potence était armé, tout individu à vendre était acheté, et tout homme sans conscience était recruté pour le service de l'espionnage, de la calomnie et de la perfidie. Les temps du despotisme turc ne connurent pas d'organisations plus dangereuses. Le jannissarisme revivait sous une autre forme. »

## IX

## L'ultimatum du 21 juin et le second ministère Zaïmis.

L E caractère de « la plus sincère bien-veillance » de la neutralité promise par le Cabinet Scouloudis se manifesta tout d'abord par de mauvais procédés à l'égard des Serbes vaincus, s'efforçant d'échapper à l'étreinte germano-bulgare. Afin de prévenir les effets de cette mauvaise volonté, des navires de guerre de la flotte alliée débarquèrent, le 10 janvier 1916, quelques détachements à Corfou et y préparèrent l'arrivée des débris de l'armée serbe réfugiés sur les côtes d'Albanie. Par une note du même jour, les représentants des puissances alliées à Athènes informèrent M. Scouloudis de cette mesure dictée par un « devoir de stricte humanité ». À contre-cœur, M. Scouloudis s'inclina devant le fait accompli. Mais il prit sa revanche en concluant avec la Bulgarie un arrangement dont le journal hongrois *Az Est* révéla plus tard l'existence en publiant la note bulgare suivante :

*Depuis la prise de Bitolia (Monastir) et de Resna, l'armée bulgare est arrivée tout près de la frontière grecque. Par suite de ce mouvement, l'état-major général de Bulgarie redoute qu'à la frontière, entre les avant-postes de l'armée bulgare et les postes de garde grecs, il se produise facilement des collisions.*

*Désireux d'éviter la possibilité de pareils incidents, le gouvernement bulgare invite le gouvernement grec à donner son acquiescement à la création d'une zone neutre sur la frontière serbo-grecque, comme on l'a fait précédemment sur la frontière gréco-bulgare, et à accepter que le long de la frontière grecque les troupes soient retirées des deux côtés à la distance d'une portée de fusil.*

Quelques semaines plus tard, en avril, le gouvernement d'Athènes refusa nettement de laisser les troupes serbes recueillies à Corfou, remises de leurs épreuves et équipées à neuf, rejoindre par le territoire grec ou le canal de Corinthe le corps expéditionnaire franco-britannique de Macédoine. Il allégua que le passage des soldats serbes mettrait en danger la santé publique, arrêterait la circulation des trains de voyageurs et de marchandises, violerait la neutralité de la Grèce et menacerait son indépendance. Les deux premières objections étaient mal fondées en fait. La troisième n'avait qu'une valeur apparente. En effet, si la Grèce était neutre dans le conflit européen, elle était l'alliée de la Serbie en vertu du traité de 1913. L'alliance n'était pas détruite par le refus de porter le secours prévu. Le Cabinet de Belgrade avait soigneusement évité de considérer ce refus comme une rupture. Il ne désespérait point de ramener la Grèce au sentiment de la défense des intérêts communs aux deux pays. Or, outre le secours des 150.000 hommes, le traité de juin 1913 prévoyait les facilités de passage des troupes de chacun des deux États signataires par le territoire de l'autre. Si les

ministres de Constantin I<sup>er</sup> avaient été réellement animés à l'égard des Alliés des sentiments
exprimés dans la note du 9 novembre, ils se
seraient empressés de leur donner, à eux et à
la Serbie, une autorisation qui ne coûtait rien
à la Grèce et constituait une faible compensation pour l'inexécution de la clause de secours.
Quant à la menace de l'indépendance nationale, elle était chimérique. Il était évident que
les troupes serbes se hâteraient d'aller en Macédoine sans s'attarder dans la vieille Grèce.
D'ailleurs, le passage par le canal de Corinthe
excluait ce prétendu danger.

La mauvaise volonté de M. Scouloudis se dou-
blait de mauvaise foi. Celle-ci devint éclatante
au mois de mai. Le 23 de ce mois, une colonne
germano-bulgare se présenta devant le fort de
Rupel à l'entrée du défilé de Démir-Hissar, et
somma la garnison grecque de se rendre en
l'avertissant qu'elle avait ordre de pénétrer en
territoire hellénique « afin d'occuper des positions avantageuses ». Les occupants du fort
commencèrent par refuser. Ils tirèrent même
vingt-quatre coups de canon contre les envahisseurs. Mais ils reçurent dans la nuit
l'ordre de se retirer. A la Chambre, le 5 juin,

M. Scouloudis expliqua ainsi cet ordre : « Constatant d'une part la décision des envahisseurs d'occuper le fort, voyant, d'autre part, que la continuation d'une résistance armée pourrait d'un moment à l'autre se transformer en conflit général, ce qui mènerait à une sortie de la neutralité qu'il n'entend pas abandonner, le gouvernement donna l'ordre suivant par l'intermédiaire du ministère de la guerre : « Pre-« mièrement cesser toute résistance, et ensuite « déclarer au commandement allemand que, « devant l'invasion générale de l'armée alle-« mande dans le défilé de Démir-Hissar, où se « trouve le fort, la garnison du fort est obligée « de se retirer en emportant tout le matériel « du fort. »

L'explication était plaisante. Pour ne pas sortir de la neutralité — toujours la même excuse — le gouvernement grec laissait les Bulgares, ses ennemis irréconciliables, envahir son territoire et occuper un groupe d'ouvrages fortifiés tout neufs dont la construction avait coûté des sommes relativement énormes. M. Scouloudis déclara devant la Chambre qu'il avait protesté « de la façon la plus énergique » auprès de l'Allemagne et de ses alliés. Il se répandit encore en dénégations pompeuses contre le soupçon d'une entente avec les Germano-Bulgares. Pourtant cette entente existait. Elle fut prouvée par des documents trouvés plus tard dans les bureaux militaires du IVe corps d'armée et publiés en fac-similé. Quoique ce ne fut alors qu'un soupçon, plusieurs députés de cette Chambre introuvable murmurèrent. Pour procurer un dérivatif à leur irritation, M. Scouloudis annonça que, le samedi précédent, 3 juin, jour de la fête du roi, le général Sarrail avait proclamé la loi martiale à Salonique, et que le gouvernement grec avait aussitôt protesté. Là-dessus M. Stratos opina que le bruit mené autour de l'occupation du défilé de Rupél était injustifié et que la proclamation de la loi martiale à Salonique était autrement grave. Il conclut que M. Venizélos n'avait eu en vue que d'agrandir la Bulgarie. Un M. Mitropoulos s'écria : « Celui qui commet tant de crimes ne peut-il être poursuivi ? » M. Stratos demanda qu'on mît un procureur en action. Voilà comment la Chambre-croupion rendit M. Venizélos responsable de l'occupation du fort de Rupel.

L'opinion publique ne prit pas la chose avec

autant de désinvolture. Les Macédoniens s'inquiétèrent. Les patriotes non aveuglés par la haine de M. Venizélos et le culte du roi sursautèrent au spectacle des ennemis de 1912-1913 installés dans les conquêtes de ces deux glorieuses années. Ils rappelèrent à Constantin I<sup>er</sup> qu'il avait alors mérité le nom de Bulgaroctone, et reproduisirent sa dépêche du 25 juin 1913 à son ministre des affaires étrangères :

*Dépêche urgente de S. M. le Roi au Ministère des Affaires étrangères.*

Le 25 juin.

*La 6<sup>e</sup> division rapporte que des soldats bulgares, sur l'ordre d'un officier de gendarmerie, ont amené dans le préau de l'école bulgare le métropolite de Démir-Hissar, deux prêtres et plus de cent notables qu'ils ont massacrés. Le commandement de la division a ordonné l'exhumation des cadavres et constaté le crime. Les Bulgares ont en outre violé des vierges et tué une jeune fille qui résistait.*

*Protestez, sur mon ordre, auprès des représentants des puissances civilisées contre ces monstres à face humaine. Protestez devant tout le monde civilisé et déclarez que je me trouverai, à regret, contraint de procéder à des représailles pour inspirer quelque crainte ou quelque réflexion avant la perpétration de pareils crimes.*

*Les actes des Bulgares font pâlir toutes les atrocités des invasions barbares dans le passé. Ils prouvent que les Bulgares n'ont plus le droit d'être compris parmi les peuples civilisés.*

CONSTANTIN R.

Si Constantin I<sup>er</sup> se montrait entièrement rassuré du côté des gens qu'il avait bannis trois ans auparavant du monde civilisé, les Alliés n'éprouvaient pas les mêmes sentiments. L'aile droite de leur corps expéditionnaire se trouvait menacée ; le gros de l'armée pouvait être attaqué de flanc à un moment où il serait engagé dans une opération sérieuse dans le nord-ouest. De plus, les Bulgares n'étaient pas seuls à inspirer des appréhensions. La connivence du Cabinet Scouloudis avec eux donnait à réfléchir. Vers la fin de mai, le général Yannakitsas prévenait ses troupes qu'elles pourraient être appelées prochainement à combattre. Contre qui, puisque la Grèce s'enfermait dans une stricte neutralité ? Quelques jours plus tard, à l'issue de la revue des troupes ayant pris part aux grandes manœuvres, le roi prononçait une allocution où il disait : « Les soldats doivent obéir aux ordres, non aux sentiments ». Le ton des discours, la nature des gestes et les actes eux-mêmes nous invitaient à nous mettre en garde. Le 12 juin, des manifestations « populaires » contre la France et l'Angleterre se déroulaient dans la capitale. Après avoir négligé l'occasion d'agir au moment où un résultat décisif pouvait être obtenu, la nécessité s'imposait de prendre des précautions efficaces contre un danger imminent. La France et l'Angleterre organisèrent un corps de débarquement qui devait être transporté, sous les ordres de l'amiral Moreau, dans les eaux de Salamine afin d'appuyer les demandes des puissances. L'ultimatum décisif formulant ces demandes devrait être remis au moment où apparaîtraient les navires de guerre et les transports chargés de troupes.

Quoiqu'on n'ait pas encore divulgué les instructions adressées à l'amiral et aux représentants de l'Entente à Athènes, il y a lieu de croire que l'intention des puissances protectrices était de liquider d'un coup l'affaire grecque et de rétablir dans son intégralité le régime constitutionnel avec des garanties matérielles appropriées. Malheureusement, au dernier moment, ces intentions se modifièrent. L'amiral Dartige du Fournet vint prendre le commandement de la flotte, y compris l'escadre de l'amiral Moreau, et les ordres furent changés. Les bateaux chargés de troupes ne parurent point devant Salamine. Soit à la suite d'une intervention diplomatique, soit parce que Constantin 1er, averti du coup qui le menaçait, alla au-devant de la soumission, les ministres des trois puissances protectrices durent se borner à remettre, le 21 juin, dans les formes ordinaires, un ultimatum à M. Scouloudis. A la vérité, ce document était d'une raideur inusitée. Après avoir signalé « les motifs nombreux et légitimes de suspicion contre le gouvernement grec », les « agissements des étrangers » travaillant à créer sur le territoire hellénique des organisations hostiles contraires à la neutralité du pays et tendant à compromettre la sécurité des forces militaires et navales des Alliés », la connivence du Cabinet hellénique avec les Germano-Bulgares dans l'affaire de Rupel, la violation de la constitution grecque et « la collusion évidente du Cabinet actuel avec leurs ennemis », les puissances protectrices exigeaient l'application immédiate, sans discussion ni délai, des mesures suivantes :

1° *Démobilisation réelle et totale de l'armée grecque, qui devra être mise, dans le plus bref délai, sur le pied de paix.*

2° *Remplacement immédiat du ministère actuel par un Cabinet d'affaires, sans nuance politique, et offrant, toutes les garanties nécessaires pour l'application loyale de la neutralité bienveillante que la Grèce s'est engagée à observer à l'égard des puissances alliées, ainsi que pour la sincérité d'une nouvelle consultation nationale.*

3° *Dissolution immédiate de la Chambre des députés suivie de nouvelles élections, dès l'expiration des délais prévus par la Constitution et après que la démobilisation générale aura replacé le corps électoral dans des conditions normales.*

4° *Remplacement, d'accord avec les puissances, de certains fonctionnaires de la police, dont l'attitude, inspirée par des directions étrangères, a facilité les attentats commis contre de paisibles*

*citoyens ainsi que les insultes faites aux Léga-
tions alliées et à leurs ressortissants.*

Le roi se soumit. Plusieurs personnes initiées
à ces négociations supposaient, espéraient, qu'il
préférerait l'abdication à l'acceptation de conditions aussi mortifiantes. S'il n'eût suivi que
les inspirations de son amour-propre, il eût
en effet probablement quitté la partie dès ce
moment. Mais, sans nul doute, il reçut de
Guillaume II le conseil de courber la tête et de
conserver son trône en attendant des temps
meilleurs. En conséquence il renvoya le docile
M. Scouloudis et chargea M. Zaïmis de constituer un nouveau ministère. Ce fut M. Zaïmis
qui signa, le 23 juin, l'engagement d'exécuter
intégralement les demandes formulées dans
l'ultimatum du 21. Le 29 juin, la démobilisation générale fut décrétée. Le 31 juillet, l'armée
fut remise sur le pied de paix. De nombreux
fonctionnaires furent remplacés ou déplacés.
Mais la Chambre ne fut pas dissoute sous prétexte qu'il était impossible, en raison des circonstances, de fixer en même temps, comme
la Constitution l'exigeait, la date des élections
elle fut simplement ajournée. Le général Dous-

manis et M. Streit ([1]), les deux conseillers occultes du roi, restèrent en fonctions. Les journaux ententophiles devinrent l'objet de poursuites judiciaires pour avoir « diffamé et insulté
le gouvernement et l'armée » alors qu'ils
s'étaient livrés à d'anodines critiques. La personne même de M. Venizélos fut menacée ; il
fut obligé de se faire garder par de fidèles Crétois. Mais cela ne l'empêcha point de conduire
avec énergie sa campagne électorale en vue
de la prochaine grande consultation nationale.
La belle résistance de Vérdun, les succès franco-
anglais sur la Somme, l'offensive victorieuse
du général Broussilof en Galicie et en Bukovine
donnèrent à sa propagande une allure inquié-
tante pour les royalistes.

---

([1]) Sans exercer aucune fonction officielle, M. Streit
jouait le rôle d'intermédiaire du roi avec les hommes
politiques grecs et les chancelleries germano-toura-
niennes.

# X

## La trahison de Constantin et l'invasion bulgare.

Constantin I<sup>er</sup> se résolut alors à un acte qui pèsera éternellement sur sa mémoire. Craignant, malgré une propagande antivenizéliste effrénée et la formation de ligues de réservistes qui mettaient la force au service des agents électoraux du gouvernement, que les venizélistes revinssent en majorité à la nouvelle Chambre, il voulut à tout prix ajourner les élections à une date indéterminée. A cet effet il combina l'envahissement par les Germano-Bulgares de la Macédoine orientale et occidentale. Descendant le cours de la Strouma, les Bulgares occupèrent tous les ports de la vallée et les villes de Drama, Sérès et Cavalla. Ils enlevèrent les garnisons qu'ils firent transporter en Allemagne et s'emparèrent d'un matériel de guerre comprenant 200 canons des derniers modèles, 50.000 fusils, de grands approvisionnements de projectiles, des équipements variés, etc. Les troupes grecques avaient reçu l'ordre formel de ne pas résister aux Bulgares et de n'engager aucune action commune avec les Français. Celles qui ne voulurent point subir l'humiliation de l'internement durent se réfugier par des moyens de fortune dans le rayon d'action du corps expéditionnaire des Alliés. Le divisionnaire Christodoulou, qui était à Sérès, s'opposa tant qu'il put à la descente des Bulgares et se replia devant des forces supérieures vers Cavalla, et de là vers Salonique. Sur les 4.500 hommes et les 200 officiers de la garnison de Cavalla, 2.200 soldats et 120 officiers environ, avec les colonels Christodoulou et Lélakis, passèrent dans l'île de Thasos ; 700 hommes avec 40 officiers s'embarquèrent pour le Pirée ; le reste, avec le colonel Hadjopoulos commandant le IV^e corps d'armée, fut dirigé par les Bulgares sur Drama. Dans les localités qu'ils occupèrent, les Bulgares se livrèrent à des violences sauvages sur les habitants qui, depuis leur départ précipité de 1913, leur avaient été signalés comme hostiles [1].

Cette fois la mesure était comble. Il s'agissait non plus d'un différend sur la Constitution, mais d'une trahison caractérisée. Constantin I<sup>er</sup> s'était contenté, comme garantie des envahisseurs, de l'assurance des ministres d'Allemagne et de Bulgarie à Athènes que la souveraineté grecque serait respectée, que les troupes allemandes et bulgares évacueraient le territoire hellène dès que les raisons militaires le permettraient, et que les habitants seraient indemnisés pour tous les dommages causés. Un vigoureux mouvement de protestation se produisit aussitôt. Le dimanche 27 août, une foule immense se rendit devant la maison de M. Venizélos pour acclamer le chef du parti libéral. M. Venizélos harangua ces soixante mille citoyens et leur proposa d'élire une délégation qui remettrait au roi une adresse pathétique dont il lut le texte. Il ne rompait pas

[1] Ces événements se déroulèrent depuis le 20 août jusqu'aux premiers jours de septembre.

avec le monarque ; il le suppliait seulement de revenir au sentiment de ses devoirs. A cet égard, la péroraison de cette adresse était significative : « Tu verras, Basileu, par le meeting d'aujourd'hui que le parti des libéraux n'est pas l'ennemi de la Couronne, pas plus que de la Maison régnante, ni de Ta personne. Il n'est que le gardien respectueux du régime libre, et n'entend tolérer aucune déviation sur ce point. Mais c'est là aussi le véritable intérêt de la Couronne. Seuls ceux qui exploitent cette dernière peuvent chercher à Te persuader de contraire, alors qu'ils sont réellement Tes pires ennemis. ».

Mais Constantin I<sup>er</sup> ne se souciait guère de recevoir une délégation de libéraux ni de répondre à leur appel. Il fit annoncer qu'il était malade et que la publication du décret portant dissolution de la Chambre et convocation des électeurs devait être ajournée quelque temps encore. Pendant cette maladie vraie ou simulée, les incidents se multiplièrent. Les intrigues des agents germaniques prirent de telles proportions et les procédés des fonctionnaires gouvernementaux furent si hostiles à l'Entente que, le 1<sup>er</sup> septembre, une forte escadre franco-britannique (¹), sous les ordres de l'amiral Dartige du Fournet, commandant en chef les forces alliées en Méditerranée, vint mouiller dans les eaux de Salamine. Le 2, les ministres de France et d'Angleterre réclamèrent le contrôle des postes et télégraphes (avec et sans fil), l'expulsion des agents ennemis de corruption et d'espionnage, et des sanctions contre les sujets hellènes complices des faits de corruption et d'espionnage signalés. M. Zaïmis accepta purement et simplement. Les désordres n'en allèrent pas moins en augmentant. Les ligues de réservistes organisèrent des protestations contre les exigences de l'Entente. Le 10 septembre une bande de vingt-cinq individus environ pénétra dans le jardin de la légation de France et tira des coups de pistolet en l'air en criant : « Vive le roi ! A bas la France ! » M. Zaïmis dut présenter des regrets à M. Guillemin, en faire présenter au quai d'Orsay par M. Romanos, promettre des sanctions contre les coupables et s'engager à fermer immédiatement les différentes sections de la Ligue des réservistes tant à Athènes qu'en province.

---

(1) Non accompagnée d'un corps de débarquement.

Cependant l'invasion bulgare coupait en deux, matériellement et moralement, l'armée grecque. Les soldats échappés de la Macédoine orientale et presque toute la garnison de Salonique se constituaient en armée de la défense nationale et se mettaient à la disposition du général Sarrail pour combattre les Bulgares. Un comité de défense nationale, à la tête duquel se mettait le colonel Zymbracakis, adressait une proclamation au peuple pour l'inciter « à cesser d'obéir aux autorités qui avaient trahi l'honneur national », et une autre à l'armée pour l'inciter à se ranger sous les ordres du comité en vue de la libération de la patrie. Ces appels trouvaient de nombreux échos. Furieux de ce qu'il appelait une défection, le roi reçut en audience solennelle les officiers de la 5e division (Salonique) qui avaient refusé de se solidariser avec leurs camarades de la défense nationale et leur adressa des félicitations emphatiques : « Vous avez inscrit d'une plume de fer votre nom dans les annales de l'histoire... Vous avez fait montre d'une discipline de fer, d'une foi et d'un dévouement à toute épreuve à l'égard de votre roi et de votre chef. Par votre attitude vous avez stigmatisé ceux qui ont

trahi leur serment et parmi lesquels, malheureusement, on compte le commandant de votre
division... Avec une telle armée et à la tête
d'hommes tels que vous, possédant votre moral, vos sentiments et votre foi, je suis prêt à
faire face à n'importe quel ennemi. » Comme
les officiers félicités n'avaient pas voulu combattre les Germano-Bulgares, ce « n'importe quel ennemi » visé par le roi ne pouvait être que le corps expéditionnaire des
Alliés.

Malgré tant de fâcheux indices, M. Venizélos
ne désespérait toujours pas de regagner le roi
à la cause nationale. La Roumanie avait déclaré la guerre à l'Autriche-Hongrie le 28 août.
C'était un gros événement en Europe. Mais
c'en était un particulièrement important pour
la Grèce. Depuis plus d'un an, le général Dousmanis lui-même disait que, lorsque la Roumanie
entrerait en guerre, le moment serait venu
pour la Grèce d'en faire autant. Sans doute il
ne croyait pas que le roi Ferdinand, un Hohen-
zollern, se tournerait contre la Germanie. Néanmoins l'opinion qu'il exprimait correspondait à
une nécessité politique si évidente que M. Venizélos crut devoir tenter un suprême effort.

Il a raconté ses démarches dans les termes suivants (¹) :

« Je fis savoir à M. Zaïmis que si le roi, contrairement à ce qu'avait déclaré son entourage, se refusait encore à marcher avec l'Entente, il prouverait par cela même, aux yeux du monde entier, qu'il suivait une politique allemande et non une politique grecque, et j'ajoutais que je considérerais alors comme mon devoir de me révolter.

« M. Zaïmis, se basant sur cette déclaration et en invoquant le mouvement d'impatience et même d'effervescence qui commençait à se manifester dans l'armée, obtint du roi d'engager des pourparlers avec les nations de l'Entente, en vue de la sortie de la neutralité de la Grèce. Le roi l'autorisa même à se mettre en contact avec moi, pour me tenir au courant de toutes les négociations en cours.

« Mais, sur ces entrefaites, le kaiser télégraphia au roi pour lui affirmer qu'avant un mois il aurait sûrement envahi toute la Roumanie et

_______________

(¹) Interview du 13 mars 1917 avec l'envoyé spécial de l'agence Havas à Salonique.

jeté l'armée de Sarrail à la mer. Il lui demanda, en conséquence, de résister pendant quatre semaines encore à la politique venizéliste. Docilement le roi obéit, s'inclinant devant les injonctions de son beau-frère et, dix jours après avoir semblé prendre le parti de marcher avec les puissances de l'Entente, il jetait bas le masque et revenait à sa politique personnelle.

« M. Zaïmis, comprenant qu'on le bernait, refusa de faire le jeu du roi et démissionna. Le moment d'agir avait alors sonné. Le pays avait vu clair. Le roi ne marcherait jamais.

« L'amiral Coundouriotis, écœuré d'une telle félonie, se joignit à moi avec le général Danglis et nous décidâmes aussitôt de lever l'étendard de la révolte. »

## IX

# Le ministère Calogéropoulos et le départ de M. Venizélos.

M. Zaïmis donna sa démission le 11 septembre. Malgré les instances de MM. Gounaris et Rhallys, il la maintint, et le roi se trouva fort embarrassé pour lui trouver un successeur. Il n'osait pas rappeler M. Gounaris, son homme de confiance, dont la nomination eût constitué une violation de l'article 2 de l'ultimatum du 21 juin. Pourtant il lui fallait quelqu'un qui, sous le voile de la neutralité, ruinât la politique venizéliste au dedans et au dehors. Par l'intermédiaire de M. Streit, son ministre occulte des affaires étrangères, il pro-

posa tout d'abord le pouvoir ainsi compris à
M. Dimitracopoulos. Après avoir constaté qu'il
se trouverait dans l'impossibilité de vivre par
suite du refus des ministres de l'Entente de
renoncer à l'exécution des conditions de l'ultimatum du 21 juin, M. Dimitracopoulos résigna
son mandat. Plusieurs jours se passèrent en
nouvelles démarches. Enfin, le 16 septembre,
M. Nicolas Calogéropoulos, ancien collabora-
teur de M. Georges Théotokis, et membre en
vue de la coterie aristocratique germanophile,
forma un ministère composé d'hommes de second plan, antivenizélistes notoires. Ses sentiments personnels étaient bien connus. En
juin 1915, on lui avait entendu dire publiquement, en parlant du chef du parti libéral :
« Il faut saigner ce traître. »

Ce Cabinet constituait une provocation à
l'Entente. Les ministres des puissances protectrices s'abstinrent d'entrer en relations avec
lui. Interrogé à ce sujet, M. Calogéropoulos répondit : « Suivant les usages protocolaires, aussitôt après la constitution du Cabinet, les représentants étrangers rendent visite au président du Conseil. Si cela se fait, en gens bien
élevés, nous rendrons immédiatement cette

visite. » La visite attendue ne vint pas. Alors le président du Conseil publia le communiqué suivant : « Les déclarations faites par le président du Conseil et suivant lesquelles le gouvernement actuel n'est pas un Cabinet de service, mais a un caractère politique, doivent être entendues dans le sens suivant : le ministère, constitué par des personnes appartenant au Parlement, assume vis-à-vis du pays toute la responsabilité de ses actes, en acceptant bien entendu la note des puissances du 8-21 juin dans le même esprit que le Cabinet Zaïmis. » Malgré cette confirmation expresse de l'ultimatum du 21 juin, les ministres de l'Entente persistèrent dans leur abstention. La tension des esprits parvint au comble. De toutes les grandes îles de l'Archipel arrivèrent des manifestes, votés par de grandes assemblées, invitant Constantin Ier à rappeler sans retard M. Venizélos et le menaçant, en cas de refus, d'instituer un gouvernement révolutionnaire. Ces démonstrations n'ébranlèrent pas le monarque. Elles le rendirent seulement plus insolent.

Le 20 septembre, devant les casernes d'infanterie d'Athènes, en présence de 5.000 soldats réunis pour la cérémonie de la prestation du serment des recrues, il prononça une allocution inspirée du plus pur absolutisme. Il déclara aux jeunes soldats qu'ils étaient désormais « soldats du roi », qu'ils devaient un dévouement aveugle « à la volonté du roi », et il leur défendit de répondre aux suggestions destinées à les égarer : « N'écoutez pas, s'écria-t-il, les conseils des marchands de patriotisme, car, pour eux, le patriotisme n'est plus qu'un écran derrière lequel ils s'abritent pour commettre des crimes. » C'était le langage même de Guillaume II : *Voluntas regis suprema lex esto.*

Le lendemain, la *Patris*, organe de M. Venizélos, qualifia cette allocution de contraire aux principes fondamentaux de la Constitution, dépassant les pires conceptions absolutistes. M. Venizélos lui-même déclara publiquement que la nation devait prendre immédiatement en mains la défense de ses propres intérêts. Le 22, le colonel Zymbracakis passa en revue, sur le Champ de Mars de Salonique, les contingents de volontaires macédoniens prêts à rejoindre l'armée Sarrail. Le même jour, M. Calogéropoulos décida d'intenter des poursuites judiciaires contre tous les officiers, sous-officiers et soldats « ayant adhéré au mouvement révolutionnaire ». Le 24, le congrès des colonies helléniques réuni à Paris prononça la déchéance du roi Constantin. Le 25, à quatre heures et demie du matin, M. Venizélos, accompagné de l'amiral Coundouriotis, commandant en chef de la marine grecque, et d'un groupe d'amis, s'embarqua secrètement à Phalère pour la Crète, sous la protection de la légation de France. Reçu avec enthousiasme à la Canée par la population et les troupes, il lança, le 27, une proclamation au peuple grec. Après avoir décrit les désordres résultant de la funeste politique du roi depuis un an et demi, il concluait :

*Ce n'est pas le moment maintenant de chercher les responsables pour les malheurs accumulés. Ce qui s'impose, c'est de tâcher, tandis qu'il en est encore temps, de sauver ce qui peut être sauvé. Le moyen le plus sûr de chercher le salut serait certes de rétablir l'unité nationale rompue, afin que cette œuvre soit entreprise avec la coopération de toutes les forces nationales.*

*Mais il n'y a qu'un seul moyen susceptible de refaire cette unité nationale brisée. C'est de revenir sans retard à la politique que dicte la* conscience nationale ; c'est de chercher, aux côtés de nos alliés serbes et des grandes puissances qui luttent avec eux, dont trois sont les puissances garantes de notre indépendance, à débarrasser notre territoire de l'invasion de l'ennemi abhorré ; c'est de coopérer avec ces puissances afin que, non seulement l'Europe soit définitivement délivrée du danger de l'hégémonie allemande, mais aussi les Balkans des prétentions à la suprématie bulgare.

Nous nous estimerons heureux si le roi se décide, fût-ce en ce moment suprême, à se mettre à la tête des forces nationales afin que, dans une union nationale inébranlable, nous poursuivions l'application de cette politique nationale. Mais si cela ne peut être obtenu, il ne reste plus qu'une seule voie de salut : l'action isolée de cette partie de la nation qui croit que, si nous ne coopérons pas avec nos alliés naturels à l'œuvre de la recréation de l'Orient, qui résultera de la grande guerre européenne, l'État et la nation hellénique s'achemineront vers la ruine.

Pour cette raison, assumant par devoir mais aussi avec enthousiasme le mandat que le peuple nous a confié, nous adressons un appel à l'hellénisme entier et lui demandons son concours dans *l'œuvre que nous entreprenons. Puisque l'Etat a trahi ses devoirs, c'est à la nation qu'incombe de tenter la réalisation de l'œuvre qui s'impose à un Etat. Nous invoquons le concours de toute force nationale qui sent qu'une tolérance plus longue des désastres et des humiliations qu'a suscités la politique appliquée équivaudrait à la mort nationale.*

*Nous entreprenons cette lutte dans la pleine conviction que la nation, appelée en l'absence de l'Etat à une levée en masse, réalisera de nouveau le miracle qui est nécessaire pour ramener la nation dans la voie dont elle s'est écartée depuis un an et demi.*

Immédiatement les adhésions affluèrent. Dans toutes les grandes îles de l'Archipel, les autorités royalistes furent déposées et remplacées par des venizélistes. D'Athènes même, quantité d'officiers, suivis de sous-officiers et de soldats, s'embarquèrent pour Salonique. Le comité de défense nationale se mit à l'entière disposition du gouvernement provisoire en voie de formation. Le bureau permanent (de Paris) du congrès des colonies helléniques adressa un télégramme d'adhésion à M. Venizélos en promettant de le suivre « dans la voie de l'honneur et de la gloire » où il engageait la race hellène. De la Canée, MM. Venizélos et Coundouriotis envoyèrent à M. Briand, président du Conseil et ministre des affaires étrangères de France, une dépêche le félicitant des récents succès des troupes françaises sur la Somme et contenant des souhaits chaleureux pour le succès final des Alliés. C'était le premier contact du gouvernement provisoire avec un gouvernement étranger. M. Briand fit remercier les deux signataires par le consul de France à la Canée.

Le miracle dont la vision guidait M. Venizélos sur les eaux de l'Archipel allait s'accomplir.

## XII

## Le ministère Lambros
## la mission Bénazet et la zone neutre.

L E départ de M. Venizélos pour la Canée
provoqua des commentaires divers et cu-
rieux. Alors qu'il était généralement interprété
en France, en Angleterre et surtout dans la
Nouvelle Grèce et dans les îles comme le commencement d'une campagne patriotique destinée à produire de grands résultats, on affecta
dans les milieux constantiniens de le considérer
comme un signe d'impuissance, sinon comme
une fuite. On put se demander si le gouvernement d'Athènes ne l'avait pas vu d'un œil favo-
rable, dans l'espoir que le prestige du chef du

parti libéral allait disparaître avec sa présence dans la capitale. En Grèce et hors de Grèce, les amis de la famille royale comparaient volontiers ce départ à celui du général Boulanger pour Bruxelles en 1889. M. Calogéropoulos pensait-il être le Constans hellène ? Toujours est-il qu'il laissa courir le bruit que la coopération de la Grèce avec l'Entente redevenait possible. Il demandait seulement, disait-on, un délai déterminé pour pouvoir réorganiser les forces militaires du pays avant de le jeter dans l'action.

L'attitude des puissances protectrices n'était pas non plus très nette. Il parut bientôt qu'elles avaient subordonné leur appui à M. Venizélos, qui en avait absolument besoin pour mener à bien son entreprise, à la condition que celle-ci ne serait pas antidynastique (¹). Or, pour produire tous ses effets, ce mouvement aurait dû commencer, aussitôt après l'arrivée des chefs libéraux à la Canée, par la proclamation de la déchéance du roi, ou, tout au moins, par la convocation, dans une ville soustraite au con-

_______________

(¹) M. Venizélos déclara plus tard, en 1917, qu'on lui avait en effet imposé cette condition.

trôle royaliste, soit de la Chambre illégalement
dissoute, soit de délégués de la Grèce libre.
Entravé par l'engagement qu'il avait dû
prendre, M. Venizélos fut obligé de contenir les
démonstrations de ses partisans au lieu de les
stimuler. Les amis de la famille royale profi-
tèrent de cette fausse situation pour insinuer
que le grand mouvement national était un
fiasco. En même temps toute allusion dans la
presse française, à l'éventualité d'un changement de règne fut supprimée par la censure.
Il fut interdit aux publicistes français de réclamer la formation d'un gouvernement grec
résolu à briser les résistances de Constantin I<sup>er</sup>.

M. Calogéropoulos jugea le moment venu de
se retirer. Il fit connaître sa résignation, le
4 octobre, par le singulier communiqué suivant : « Le gouvernement n'ayant pu, jusqu'à
présent, entrer en contact avec les représentants à Athènes des puissances de l'Entente,
et jugeant que sa situation constitue un
obstacle à la bonne marche des affaires nationales, a prié le roi d'accepter la démission du
Cabinet. » Le roi accepta cette démission d'autant plus facilement qu'il croyait pouvoir, au

moyen du sacrifice de son ministre, renouer les relations officielles avec l'Entente. En effet, le 10 octobre, M. Spiridon Lambros, professeur et archéologue, devenu président du Conseil, avec M. Zalocostas aux affaires étrangères, réussit à rétablir des rapports normaux entre le gouvernement et l'Entente. Ce succès était d'autant moins explicable que la majorité des membres du Cabinet Calogéropoulos était en-tentophile, quoiqu'antivenizéliste, tandis que le Cabinet Lambros se composait seulement de créatures de la Cour.

A ce moment même, M. Venizélos et l'amiral Coundouriotis, après une tournée triomphale dans les îles, débarquèrent à Salonique. Ils y constituèrent aussitôt, avec le général Danglis venu les rejoindre, un gouvernement provi-soire sous la forme d'un triumvirat assisté d'un ministère où M. Politis, jusque-là secrétaire général du ministère des affaires étrangères à Athènes, reçut le portefeuille des affaires étran-gères. Le 10 octobre encore, l'amiral Dartige du Fournet remit à M. Lambros une note exi-geant, comme suite à la note du 2 septembre, un certain nombre de satisfactions, telles que le désarmement, le séquestre ou la remise des bâtiments de la flotte hellénique, le désarmement de certaines batteries de terre, ainsi que le contrôle de la police et des chemins de fer. Le 11, le Cabinet Lambros accepta. Le 12, le transfert des bateaux légers grecs à Kératsini fut effectué, et leurs équipages débarqués furent casernés dans divers édifices publics d'Athènes. Mais les menées germanophiles s'étaient alors tellement développées, il circulait tellement d'individus en armes, et M. Lambros semblait si enclin aux échappatoires que, le 13, l'amiral dut accentuer et préciser sa note du 10. Il réclama notamment l'interdiction pour tous les citoyens de porter des armes quelconques et la levée de l'embargo sur l'exportation des blés de Thessalie.

Les semaines suivantes furent troubles. Encouragés par les succès des Germano-Bulgares en Roumanie, les royalistes devinrent de plus en plus insolents. Le directeur de la *Patris* fut poursuivi devant les tribunaux pour avoir publié dans ce journal des documents officiels sur la livraison des forts de Rupel. L'exécution des conditions du 10 et du 13 octobre fut tournée par des subterfuges. Le roi fit concentrer subrepticement des troupes et du matériel de guerre en Épire et en Thessalie ; on lui prêta même un instant l'intention de s'y réfugier. Le 18, il passa en revue, au Champ de Mars, les marins débarqués des bateaux séquestrés par l'amiral Dartige et leur adressa une allocution enflammée, pleine d'allusions comminatoires. Durant ce temps, le triumvirat s'organisait à Salonique, préoccupé surtout de réunir des contingents destinés à la fois à combattre les Bulgares aux côtés des troupes du corps expéditionnaire et à seconder le mouvement libérateur en Grèce. M. Venizélos continuait de se tenir dans une réserve forcée sur la question du régime. Dans un grand banquet donné en l'honneur du gouvernement provisoire, il faisait seulement prévoir la convocation d'une assemblée nationale chargée « de dresser un rempart insurmontable aux entreprises de la monarchie contre la souveraineté populaire ». Le 20 octobre, dans une conférence tenue à Boulogne, les chefs des gouvernements français et anglais décidaient de ne pas reconnaître officiellement le gouvernement provisoire, tout en lui prêtant matériellement leur concours. La France et l'Angleterre, à part égale, assurèrent les frais de l'armée venizé-

liste et consentirent en outre une avance pe
dix millions.

A ce moment les négociations prirent à
Athènes une tournure nouvelle à la suite de
l'arrivée de M. Bénazet, député à la Chambre
française, chargé d'une mission en Orient par
la Commission de l'armée. Par l'intermédinire
d'un Italien de ses amis, M. Serpieri, directeur
de la Compagnie française des mines du Lau-
rium et familier de la Cour, M. Bénazet obtint
une audience du roi. Il s'ensuivit un revirement
dont les détails échappent encore à la critique
historique. On peut seulement relever avec
certitude que le roi sut persuader son interlo-
cuteur de la sincérité de ses intentions amicales
à l'égard des Alliés et de son désir de se prêter à une combinaison de nature à les rassurer
complètement. Il suggéra l'idée de la remise
de batteries et de munitions à l'amiral Dartige
ainsi que d'un transfert de troupes. M. Bénazet sortit du palais avec l'idée qu'un arrangement amiable était facile et que le comble
de l'habileté serait de réconcilier M. Venizélos avec le roi. Il fut confirmé dans cette
idée par les amabilités dont il fut comblé par
la reine. Quelques jours plus tard, l'amiral

Dartige lui-même était présenté au roi et semblait rapporter de cet entretien une impression analogue. Le roi et ses frères allaient dîner chez le prince Demidof, ministre de Russie. Puis l'amiral Dartige faisait rentrer à bord une des deux compagnies de débarquement qui étaient installées au Zappeion depuis l'incident de la légation de France.

Averti de divers côtés de l'inopportunité de cette mesure, il la maintenait. Dans un récit de la mission Bénazet, paru dans le *Petit Parisien* du 10 janvier 1917, la conclusion de cette mission est ainsi présentée : « Le roi espérait concilier le désir où il était de rester neutre et ramener le calme et l'union dans son pays. Il ne demandait nulle compensation (?), mais seulement qu'on ménageât sa susceptibilité en ne triomphant point — *et notamment dans la presse* — de ses concessions à l'Entente. Nos agents diplomatiques et militaires furent chargés de faire exécuter cet accord approuvé par le gouvernement. » De la part de l'Entente, cet accord fut ponctuellement exécuté. La presse fut rigoureusement surveillée et ne put communiquer ses appréhensions au public. A la Chambre des Communes, le 31 octobre, Lord Robert Cecil déclara que tout ce qui tendait à la réunion de tous les Grecs serait chose très désirable.

Un autre arrangement intervint peu après. A la suite d'une légère collision à Ecaterini entre les troupes du roi et celles du triumvirat (4-5 novembre), les puissances protectrices consentirent à établir une zone neutre entre les territoires du gouvernement provisoire et ceux de la vieille Grèce, de sorte que l'extension du mouvement venizéliste se trouva enrayée. La Thessalie et l'Epire, dévouées à M. Venizélos, et qui n'attendaient que l'apparition de quelques contingents saloniciens pour chasser les autorités royalistes, furent ainsi mises dans l'impossibilité de se soulever. La délimitation de la zone neutre fut établie par un accord direct entre le général Roques, ministre de la guerre de France, de passage à Athènes après un voyage d'inspection en Macédoine, et le président du Conseil Lambros.

On est frappé de la confusion des pouvoirs pendant cette période. Les représentants officiels des puissances sont tenus à l'écart, et les négociations sont conduites tantôt par l'amiral Dartige, tantôt par un personnage politique français se trouvant par hasard à Athènes.

## XIII

## Le marchandage du matériel de guerre.

Au point où en étaient les négociations, les Cabinets de l'Entente crurent qu'un accommodement acceptable était sur le point d'intervenir avec le gouvernement d'Athènes. Ils laissèrent, sans protester, convoquer et se réunir, le 13 novembre, la Chambre-croupion dont ils avaient exigé et fait accepter la dissolution le 21 juin. Le Cabinet d'Athènes prétendait qu'en vertu de la Constitution la Chambre devait se réunir d'office ce jour-là. On aurait pu lui répliquer que la seule Chambre légalement existante et qualifiée pour se réunir était celle élue le 13 juin 1915. On préféra se taire. Du reste la Chambre-croupion se sépara presque tout de suite sans avoir rien discuté. Mais elle avait interrompu la prescription qui courait contre elle.

L'amiral Dartige crut-il alors pouvoir réclamer le prix de notre complaisance ? Le 17 novembre il remit à M. Lambros une nouvelle note demandant la livraison de 18 batteries de campagne, de 16 batteries de montagne, avec 1.000 projectiles par batterie, ainsi que de 4.000 fusils Mannlicher avec 200 cartouches par fusil, de 140 mitrailleuses\et de 50 camions automobiles. Le 20, sans attendre la réponse, il notifia aux légations des États ennemis à Athènes la décision de l'Entente d'expulser leur personnel du territoire grec dans un délai de quarante-huit heures. Le 22, il fit procéder à cette expulsion qui s'effectua sans incident notable. Le 23, M. Lambros répondit à la note du 17 en offrant de livrer un nombre de canons supérieur à celui dont les Germano-Bulgares s'étaient emparés en Macédoine, 191 contre 124. Il refusait le reste. Le 24, l'amiral somma le gouvernement d'Athènes de remettre aux Alliés dix batteries de montagne pour le 1er décembre, et le reste pour le 15. Il justifiait cette exigence par cette remarque : « La place du matériel que je demande n'est pas au fond des magasins militaires, mais sur le front de Monastir, en Macédoine, où vont se décider les destinées des États balkaniques. » Le 24 également, le gouvernement de Salonique déclara la guerre à la Bulgarie et à l'Allemagne. N'étant pas en mesure d'envoyer une notification directe à ces deux puissances, il pria les gouvernements alliés de vouloir bien se charger de ce soin. On n'a jamais dit si ceux-ci s'acquittèrent de cette mission.

Les derniers jours du mois présentèrent une extrême confusion. La Ligue militaire se reconstitua. Les officiers excitèrent les soldats dans les casernes, les réservistes furent armés, les éléments perturbateurs furent enrôlés par les agents du général Dousmanis. Des rixes éclatèrent dans les rues, de nombreux venizélistes furent maltraités. Le 26, un détachement de 200 fusiliers marins français vint renforcer le petit contingent cantonné au Zappéion. Dans la capitale une surexcitation artificielle s'accrut à chaque heure. En province, où elle n'existait pas, le gouvernement la simula. Il imagina une jacquerie en Thessalie, un massacre de soldats à Ecaterini. Or les paysans thessaliens n'avaient bougé nulle part et le préfet de Larissa lui-même reconnut que personne dans sa province n'avait entendu parler de rébellion. Quant aux evzones d'Ecaterini, aucun n'avait été molesté, ce qui n'empêcha point les gounaristes de commander un *Requiem* solennel — interdit au dernier moment — pour « célébrer l'entrée dans l'immortalité des héros tombés glorieusement dans un combat contre les traîtres ». A la faveur de ces tragi-comédies, on créa une agitation qui pouvait à tout instant se transformer en émeutes et en massacres. Dans la nuit du 27, de très nombreuses maisons habitées par des venizélistes furent marquées de cercles rouges. Les chefs des réservistes proclamèrent qu'ils empêcheraient par la force la remise des armes, même si le gouvernement l'accordait. Des tranchées furent creusées dans le voisinage immédiat d'Athènes, des emplacements de mitrailleuses et de canons aménagés.

Le 27, M. Zalocostas adressa aux représentants des puissances neutres à Athènes une protestation contre le blocus du détroit de

Salamine par les Alliés, contre le contrôle des
Alliés sur les services publics, contre l'expulsion du personnel des légations de la Quadruple
Alliance, et finalement contre les demandes de
remise de matériel de guerre. Il terminait par
cette phrase : « Je ne doute pas, Monsieur le
Ministre, que vous m'offrirez, en ces circonstances pénibles, l'appui que je vous demande. »
Le 28, un Conseil de la Couronne se réunit. On
n'en publia pas les résultats ; toutefois les correspondants d'agences et de journaux étrangers télégraphièrent que le gouvernement persistait dans son refus.

Malgré tous ces signes défavorables, la confiance de l'amiral Dartige et du général Bous-
quier, attaché militaire de France, dans une
solution amiable ne parut pas ébranlée. Le 29,
l'amiral eut un assez long entretien avec le roi.
Le 30, le général fut aussi reçu en audience par
Constantin Ier. Au cours de ces conversations,
l'un et l'autre se persuadèrent que le roi dési-
rait seulement se faire forcer la main et qu'une
simple manifestation extérieure de force per-
mettrait d'obtenir tout ce qu'on avait demandé.
Le roi aurait déclaré formellement que les
troupes grecques n'opposeraient aucune résis-

tance ; il aurait même fait donner cette assurance par écrit par le maréchal de la Cour. Dans la journée du 30, des bateaux portant des troupes françaises jetèrent l'ancre dans le port du Pirée. Elles avaient ordre de débarquer le lendemain matin et d'aller, sans canons ni convois de munitions et d'approvisionnements, occuper certaines positions et prendre livraison d'un matériel déterminé. L'expédition fut organisée comme un exercice de service en campagne en temps de paix, dans l'idée qu'elle ne rencontrerait aucune résistance. L'amiral Dartige exprimait à des correspondants de journaux « sa pleine conviction » que les canons seraient livrés sans que l'ordre public fût troublé. Il ajoutait qu'il « n'avait nullement l'intention de recourir à la force ».

Cet optimisme n'était point partagé par les Athéniens, ni par les ministres alliés. Depuis la nuit du 29, les troupes de la garnison d'Athènes quittaient leurs casernes pour s'installer dans les environs, à Goudi et Cholandri notamment. En vertu d'un décret publié le 29, et autorisant les engagements volontaires, une mobilisation indirecte s'effectuait. Plus de 10.000 hommes « s'engageaient » le premier jour et étaient incorporés aussitôt. Les instructions données aux autorités militaires leur prescrivaient de ne pas empêcher le débarquement des troupes alliées, mais de faire suivre chacun d'eux d'une force égale et de s'opposer à l'exécution des demandes de l'amiral Dartige. Les principaux édifices d'Athènes étaient occupés par des marins grecs. Témoins de ces préparatifs et d'une multitude de petits incidents caractéristiques, les habitants de la capitale éprouvèrent l'impression qu'un conflit était inévitable. Les journaux en avertirent leurs lecteurs. Le *Messager d'Athènes* portant la date du 1ᵉʳ décembre, mais imprimé le 30 novembre, écrivait :

*Toutes phrases mises de côté, l'Etat d'Athènes a procédé hier au premier acte d'hostilité contre l'Entente. Il a commencé la mobilisation par le système des engagements volontaires, comme l'Allemagne avait mis son armée sur le pied de guerre à la fin de juillet 1914 par le système des appels individuels. Un homme particulièrement compétent des milieux ententistes pouvait dire avec raison : « Nous avons chassé les ministres de l'Alliance centrale, nous avons chassé les Allé-*

mands, mais nous respectons l'organisation de l'Allemagne en Grèce. »

Et l'Etat d'Athènes n'appelle pas seulement sous les drapeaux les hommes de la réserve. Il revêt de l'uniforme les épistrates, c'est-à-dire les facteurs de désordre par lesquels il a terrorisé le peuple — le peuple au nom duquel l'oligarchie allemande a commis tous ses crimes contre la Grèce. Il assaisonne de « sel attique » sa déclaration de guerre aux puissances protectrices.

L'idée dominante dans la plupart des milieux athéniens, l'idée proclamée par la garde prétorienne du royaume d'Athènes qu'on appelait naguère l'armée nationale, est que l'Entente ne voudra pas aggraver la situation dans laquelle elle se trouve en Orient par suite de la défaite roumaine en créant un nouveau front sur le territoire grec. C'est une idée que la politique de l'Entente en Grèce a entretenue et que des campagnes de presse, où des hommes comme Clémenceau oubliaient que les querelles de parti se répercutent en temps de guerre bien au delà des frontières d'un pays, ont enracinée.

Si l'Entente, par un geste convenable, avait enseigné à l'héroïque camarilla que sa colère vaut celle de l'Allemagne, la Grèce ne serait pas aujourd'hui menée à bride abattue vers le gouffre. Elle se trouverait à son poste auprès des protectrices, et des milliers d'existences humaines auraient été épargnées, des milliers d'existences dont la perte est due uniquement au respect des puissances de l'Entente pour les personnes sacrées de leurs pires ennemis en Grèce.

Il y a deux ans qu'ils crient leur inimitié à la face de l'Entente. Le commandant en chef de l'armée navale alliée continue cependant à nous parler de bonnes intentions et de promesses loyales.

## XIV

## Les événements du 1er et du 2 décembre 1916.

L E jeudi 30 novembre, à six heures et demie de l'après-midi, l'amiral Dartige reçut la réponse officielle du gouvernement grec, élaborée après plusieurs Conseils de Cabinet successifs. C'était un refus. L'amiral n'en fut pas surpris puisqu'il croyait que Constantin I<sup>er</sup> voulait se faire forcer la main par une démonstration de force militaire. En conséquence, dans la matinée du vendredi 1er décembre, plusieurs détachements français, équipés comme pour une promenade militaire, débarquèrent et s'avancèrent dans différentes directions. Ils ne tar-

dèrent pas à se heurter à des troupes retran-
chées aux abords des deux principales routes
qui conduisent de la mer à Athènes. Les soldats
grecs leur barrèrent le passage et ouvrirent le
feu. Aussitôt les royalistes postés sur les emplacements préparés se mirent à tirer à coups de
mitrailleuses non seulement sur les détachements alliés, mais encore sur les Français can-
tonnés au Zappeion et sur l'annexe de la légation d'Angleterre, centre de la police anglo-
française. Les Franco-Anglais se défendirent
vaillamment. Mais, pris par traîtrise, ils subi-
rent des pertes cruelles tout en en infligeant de
fortes à l'ennemi. Nous n'en ferons pas le
compte ici. De même nous ne narrerons pas les
péripéties de cette abominable journée (1).
Nous nous bornerons à quelques constatations.
Les Grecs, réservistes ou de l'armée active,
prirent l'initiative du feu sans aucune provocation, avant même que les Alliés eussent tenté
d'enlever un seul canon. Ils tirèrent sur des

---

(1) Voir un récit consciencieux et circonstancié des
événements des 1er et 2 décembre dans une lettre
d'Athènes de M. Charles Frégier, publiée dans le *Journal
des Débats* du 8 janvier 1917. V. aussi le récit de
M. Léon Maccas paru dans la *Revue des Deux-Mondes*
du 1er mars 1917.

troupes cantonnées dans un édifice public et vaquant à de paisibles occupations. Ils fusillèrent par les fenêtres des Alliés réfugiés dans des bâtiments où ceux-ci, sur la parole d'officiers grecs, se croyaient en sûreté. Ils se comportèrent en hommes ayant reçu des ordres précis. Ils étaient postés de telle façon qu'il était presque impossible de riposter sans atteindre quelques-uns des monuments les plus célèbres d'Athènes. Ils avaient pris les environs immédiats de l'Acropole comme base d'opérations. Si la flotte embossée devant Salamine avait voulu détruire à coups d'obus les batteries ou les rassemblements grecs, elle risquait fort de faire sauter en même temps une partie du célèbre temple. Les marbres sacrés n'eussent-ils reçu que quelques égratignures de shrapnells, les Alliés n'en auraient pas moins été dénoncés au monde entier, surtout aux neutres hésitants, comme des barbares tombés au-dessous des Vandales et des Huns.

Faute de dispositions préalables et d'ordres au cours du drame, la grande flotte alliée resta presque inerte. Quelques obus seulement furent tirés sur le jardin du palais royal. La musique de la flotte, qui avait reçu la veille l'ordre de jouer au Pirée, exécuta son programme sur la place publique à l'heure fixée. Bloqué dans le Zappeion, où il s'était rendu au commencement de la journée, l'amiral Dartige ne sut ni en sortir pour aller directement au palais, qui se trouvait dans le voisinage immédiat, ni faire passer des ordres à la flotte. On voudrait pouvoir effacer cette page de notre histoire. Tandis que nos soldats tombaient sous des coups d'assassins, on se remit à négocier. Le roi proposa de livrer six batteries. De onze heures du matin à deux heures de la nuit, des propos s'échangèrent entre le roi, l'aide de camp Kalinski, l'amiral Dartige, M. Lambros et les ministres de l'Entente [1]. L'accord fut conclu finalement, le 2 décembre, à deux heures du matin, et le gouvernement grec fit publier en conséquence le communiqué suivant dans ses journaux — afin de faire accepter par l'opinion la cession prévue de six batteries :

---

[1] Vers la fin de la journée, les trois ministres allèrent en automobile au Zappeion, guidés par un fonctionnaire grec qui leur fit traverser les avant-postes grecs. Puis M. Guillemin s'avança seul, dans l'obscurité, vers les lignes françaises, en criant sa qualité. Il réussit ainsi à parvenir jusqu'à l'amiral.

*Les ministres de France, de Grande-Bretagne, d'Italie et de Russie ayant déclaré, au nom de l'amiral commandant en chef les forces alliées en Méditerranée, qu'ils acceptaient la livraison de six batteries au lieu de dix qui avaient été demandées pour le 1er décembre, et ayant d'autre part recommandé à leurs gouvernements de ne pas insister sur les autres demandes de cession de matériel de guerre, le gouvernement hellénique déclare de son côté qu'il consentira à ce que les six batteries soient mises à la disposition des Alliés.*

C'était une capitulation. Le comte Bosdari, ministre d'Italie, ne s'y rallia que sur l'insistance de ses collègues. « J'en ai rougi pour la France », dit-il quelques heures plus tard à l'un de nos compatriotes. Non seulement nos détachements décimés durent battre en retraite tristement, en laissant à d'autres le soin d'enterrer leurs morts et de soigner leurs blessés, mais encore nos compagnies logées au Zappeion et tous nos autres postes furent rembarqués. L'amiral Dartige quitta le Zappeion en automobile vers sept heures du matin pour rentrer à son bord. Quant aux survivants des compagnies qui étaient restées près de lui toute la journée du 1<sup>er</sup>, ils partirent ensuite en emportant leur matériel sur des camions militaires qui leur furent fournis par le ministre de la guerre de Constantin I<sup>er</sup> à la demande de l'amiral et du ministre de France. Accompagnés des militaires alliés des différents services de contrôle, ces braves gens, parmi lesquels on remarquait des hommes qui venaient de Verdun et d'autres qui avaient combattu à Dixmude, rejoignirent le quai d'embarquement sous l'escorte de soldats grecs.

La journée du 2 offrit le spectacle des pires horreurs. Suivant l'expression d'un témoin, « la chasse aux venizélistes fut une chose vraiment effroyable, à laquelle rien ne peut être comparé, si ce n'est le massacre de la Saint-Barthélemy ». Les venizélistes notoires d'Athènes et du Pirée furent massacrés, torturés, emprisonnés. On pilla leurs maisons de fond en comble. On détruisit les bureaux et les imprimeries des journaux libéraux. Les persécutés durent endurer tous les outrages, subir toutes les souffrances, sans qu'ils eussent la consolation d'entendre ou de voir approcher un secours des puissances protectrices de leur patrie (¹).

_______________

(¹) Quelques jours plus tard, M. Guillemin put aller

Le maire du Pirée, échappé à la tourmente, dit
à un Français : « Il n'y a pas dans l'histoire de
France un seul exemple d'un pareil abandon. »

En effet, il n'y a pas non plus dans l'histoire
de France un exemple d'une pareille humiliation, acceptée avec autant de résignation. Après
la retraite de tous nos contingents, l'évacua-
tion de tous nos postes, l'abandon du contrôle
de tous les services, il y eut l'exode de nos
nationaux. Les Français de l'Attique, le personnel de l'École française d'archéologie, nos
commerçants et nos journalistes, durent, sur
les instructions du gouvernement de la République, se réfugier, avec des venizélistes survivants, sur les bâtiments de la flotte. Il fallut
quitter le pays où Constantin Ier régnait dans
le sang. L'exode commença le 3 (1). Le 4 dé-

---

voir en prison les persécutés. Il réussit à faire arrêter
les tortures de plusieurs, notamment du général Korakas.
Il convient d'ailleurs de reconnaître les efforts personnels
du ministre de France qui se multiplia pour atténuer
les conséquences du désastre.

(1) Les nationaux britanniques firent de même sur
les instructions et sous la direction de leur Légation.

Les deux bateaux transportant la colonie française
quittèrent, le 7 décembre, la rade de Salamine pour
Marseille.

cembre, un cortège de venizélistes enchaînés défila devant l'École française. La qualité de Français, vénérée depuis cent ans dans toute l'Hellade, devenait un sujet de dérision.

## XV

## La reprise
## des négociations diplomatiques.

Les négociations. des 1ᵉʳ-2 décembre provenaient d'une inconscience inexcusable. Elles ne furent ni approuvées, ni ratifiées par le gouvernement français. Celui-ci sentit la gravité de l'affront et la nécessité de le venger. Il fit immédiatement savoir à l'amiral Dartige qu'il était inadmissible de régler l'affaire de l'agression du 1ᵉʳ décembre par la cession de quelques canons, et que toute discussion relative au matériel ressemblerait à un marchandage honteux. En même temps, il ordonna des mesures comportant l'embargo sur les bateaux grecs et un blocus provisoire des côtes grecques en attendant qu'il se fût mis d'accord sur les détails avec les autres puissances alliées. Puis, le 3 décembre, il soumit des propositions aux Cabinets de Londres, de Pétrograd et de Rome. Ces propositions n'ont pas été divulguées. Peut-être quelques-unes d'entre elles étaient-elles aussi radicales que celles des mois précédents avaient été anodines. Lorsqu'on éprouve un cruel mécompte, on est tenté de passer brusquement d'une extrémité à l'autre. Quoi qu'il en soit, pour des raisons de convenance ou faute de moyens appropriés d'exécution, les quatre puissances alliées se bornèrent à notifier le blocus des côtes et des îles de Grèce « se trouvant sous la dépendance ou l'occupation des autorités royales helléniques » (7 décembre) et à présenter au Cabinet d'Athènes une série de réclamations.

Tandis que ces nouvelles négociations s'amorçaient, Constantin I<sup>er</sup> et ses complices jouissaient bruyamment de leur triomphe. La chasse aux venizélistes, quoique moins sauvage, et le pillage de leurs maisons continuèrent. Prenant l'offensive diplomatique, le Cabinet Lambros expédia à ses représentants à l'étranger une dépêche où il prétendit s'être trouvé contraint de réprimer une insurrection. « L'enquête qui se poursuit activement, dit cette circulaire, démontrera l'existence d'un complot antidynastique fomenté par le parti venizéliste, en combinaison avec les troubles produits par les escarmouches. Ce n'est que grâce aux mesures prises que les conspirateurs purent être arrêtés et que l'ordre parfait qui règne actuellement put être rétabli. » Une répression aussi modérée d'une rébellion aussi criminelle méritait des félicitations. Le ministre de la guerre les adressa aux troupes de la garnison d'Athènes « et aux autres combattants » par un ordre du jour dont il convient de retenir ces passages : « C'est le cœur débordant de gratitude que je vous adresse, par ordre de Sa Majesté le roi, commandant en chef, mes félicitations et congratulations pour votre conduite exemplaire pendant les inoubliables journées du 1er et du 2 décembre. Votre loyalisme, votre esprit de sacrifice et votre courage ont sauvé la patrie, mise en danger par des ennemis qui espéraient troubler l'ordre public et jeter bas la dynastie. Nos ennemis doivent aujourd'hui savoir que d'aussi vaillantes troupes sont invincibles, et je suis à même, maintenant, d'envisager l'avenir avec confiance. »

De leur côté, les journaux royalistes célébraient en gros caractères « le recul des forces alliées devant l'irrésistible attaque des troupes grecques » et dénombraient les prisonniers faits le 1er décembre. D'autres se félicitaient « que les héros de Chalcis aient eu l'honneur de combattre contre les héros de la Somme et de Verdun ». La *Nea Himera* écrivait : « Le 1er et le 2 décembre ont été, nous nous plaisons à le dire, deux des jours les plus grands, les plus saints, les plus splendides et les plus glorieux de toute l'histoire grecque. On peut les regarder comme l'aurore de la véritable indépendance grecque, comme la délivrance du joug le plus odieux qui ait jamais menacé l'existence de notre race. » L'association des « réservistes radicaux » adressait à tous ses membres le télégramme que voici : « Recevez le baiser dû à des héros. Les rochers de l'Acropole ont reconquis, grâce à vous, leur ancien prestige. Le Néo-Hellènes ont cueilli des lauriers dignes du passé. Et maintenant demeurez vigilants autour du trône du grand roi... » Une autre asso-

ciation royaliste, le « Centre des réservistes »,
envoyait à ses adhérents la circulaire suivante :
« A l'occasion du renvoi des membres de l'Association panhellénique des réservistes en congé
limité, recevez le baiser fraternel du Centre
pour les glorieux événements ; annoncez à tous
nos amis, auxquels vous communiquerez la
présente, que nous demeurons ici obéissants au
mot d'ordre et que, eux, ils n'ont qu'à partir
vers leurs familles, pleins de fierté pour la
grande œuvre accomplie. Mais qu'ils restent
toujours baïonnette au canon, prêts à revenir
le cas échéant et à se placer sous les drapeaux
pour parfaire le suprême et sacré devoir envers
le roi et la patrie. »

Grâce aux manigances du roi, après avoir été
représentés comme les spoliateurs des instruments de la défense nationale, les Alliés, les
Français et les Anglais surtout (on avait eu
soin de ne pas troubler les abords des légations
d'Italie et de Russie), étaient dénoncés comme
les ennemis du peuple grec. Constantin Ier
nous avait sournoisement engagés à formuler
des prétentions blessantes pour l'amour-propre
hellénique, puis il nous avait poussés à procéder
à l'exécution de nos demandes par la force, il

avait ensuite jeté sur nos soldats confiants des bandes surexcitées, et enfin, faisant coup double, il avait supprimé ces venizélistes qu'il était résolu à empêcher, même par le fer et le feu, de ressaisir le pouvoir par les voies légales.

Il touchait au but. Pendant un temps, il avait berné les Alliés en leur accordant des concessions officielles annulées en fait par des ordres secrets. Puis il leur avait opposé les Germano-Bulgares en ouvrant aux ennemis héréditaires de l'Hellade les conquêtes de 1912-1913. Ne voyant pas venir la formidable masse de choc allemande qui devait pulvériser le maudit corps expéditionnaire franco-britannique, il s'était efforcé de continuer à gagner du temps. Il s'était servi des Alliés pour amortir l'action des venizélistes. Il avait discrédité les premiers en les amenant à nouer des accords avec lui, et contenu les seconds en leur faisant arracher des mains leurs meilleures armes par les puissances protectrices elles-mêmes. Acculé finalement à une impasse, il s'était frayé un chemin sur les cadavres des soldats alliés. Il se croyait délivré. Mais les armées de Guillaume II n'apparaissaient toujours pas devant Salonique. Constantin I^er dut recommencer à gagner du temps.

Il retrouva près des gouvernements qu'il venait de souffleter les mêmes complaisances.

# XVI

## Les notes de décembre 1916 et l'accord de janvier 1917. — L'attitude de l'Italie.

L E 14 décembre, les gouvernements de la Quadruple Entente firent remettre par leurs représentants une nouvelle note au gouvernement d'Athènes. Ils demandaient des réparations et le transfert immédiat dans le Péloponèse, sous le contrôle effectif d'officiers appartenant aux armées alliées, des troupes grecques se trouvant sur le territoire continental de la Grèce. M. Zalocostas répondit par la promesse d'exécuter les déplacements de troupes en question et par quelques plaisanteries. Il priait les quatre puissances de « reconsidérer » leur décision de continuer le blocus et il offrait comme « la meilleure garantie, pour que tout malentendu fût écarté, le ferme et le plus sincère désir du gouvernement royal et du peuple grec de voir au plus tôt confirmées les excellentes relations traditionnelles avec les quatre puissances et une étroite amitié basée sur la confiance réciproque. »

Pour risquer pareille ironie, M. Zalocostas devait sentir que certains désaccords minaient l'action des Alliés. Mieux que le public tenu méthodiquement dans l'ignorance des négociations entre les chancelleries de l'Entente, il savait qu'au sein de celle-ci l'identité de vues sur les affaires grecques n'était point parfaite. Mais un élément d'appréciation de la situation frappait les yeux de tous : la presse italienne de tous les partis était déchaînée contre M. Vénizélos. Par contre, elle exaltait Constantin Ier. On lisait dans la *Tribuna* : « Les désordres athéniens prouvent que Constantin et son pays s'entendent profondément, que nulle dynastie autant que la sienne ne fut jamais plus fidèle interprète de l'esprit et de la volonté d'une nation. De là toute la dangereuse absurdité des efforts sentimentaux et magnanimes tentés par les Alliés pour faire revivre et, pis encore, pour reconnaître une autre Grèce, fantastique, inexistante, directe héritière de l'ancienne. Laissons de côté l'Hellade, et pensons que nous avons à discuter seulement avec la Grèce. Il est déplorable — et les événements d'aujourd'hui en sont les tristes effets — que, dans une certaine presse et même dans les Parlements de l'Entente, on n'arrive pas encore à reconnaître courageusement cette vérité, et que l'on continue à parler d'une Hellade qui réside tout entière dans la personne de Venizélos : » Le 22 décembre, le même journal écrivait : « Il n'y a que deux manières simples de procéder avec la Grèce : ou l'alliance ou la guerre. Mais l'alliance avec le chef reconnu de l'État, avec le roi, et non pas avec Venizélos mal vu par l'armée et par l'opinion, ou la guerre contre l'armée, la force organisée de l'État. Au lieu de cela, qu'a fait l'Entente ? L'alliance avec un particulier contre le roi, et la guerre contre le peuple grec en l'humiliant et en le menaçant. L'Entente a travaillé non pas pour s'attirer la Grèce, mais pour la conquérir au profit de Venizélos. »

Ainsi, d'après Rastignac (M. Vicenzo Morello), nous aurions dû courir après l'alliance de Constantin comme nous avions sollicité celle du Cobourg de Sofia, et mener campagne contre le venizélisme comme nous avions exercé une pression sur la Serbie. Le *Corriere della Sera*, l'organe le plus important et le plus pondéré de l'Italie, ne craignait pas, pour perdre M. Venizélos dans l'esprit des puissances protectrices, de le dénoncer comme complice de Constantin I$^{er}$. Le 5 décembre, le grand journal milanais écrivait : « Venizélos, à Salonique, se frotte les mains : Venizélos, le meilleur sujet du roi Constantin, et son plus utile ministre *in partibus*. Si les empires centraux remportaient la victoire, le roi ferait valoir les mauvais traitements infligés à son pays par les Alliés oppresseurs. Si l'Entente a le dessus, Venizélos viendra frapper à la porte du Congrès, et montrera sa déclaration de guerre à l'Allemagne et à la Bulgarie. Le double jeu est d'une grossièreté énorme. Il n'est pas même besoin d'imaginer que le roi et le rebelle sont secrètement d'accord. Il suffit de reconnaître que le double jeu existe dans la réalité. Mais, dernièrement, un membre du gouvernement anglais, devant la

Chambre des Communes, assurait à Venizélos la protection de l'Angleterre ; et la juste indignation de la presse française ne sera peut-être pas assez forte pour couper court à la comédie et pour décider l'Entente à prendre des mesures contre les saboteurs de sa guerre en Orient. Le philhellénisme de nos alliés est à l'épreuve même des coups de fusil. Tandis que la Grèce s'exalte dans son hostilité contre l'Italie, tandis qu'elle oppose à nos droits dans la Méditerranée un panhellénisme à la fois grotesque et frénétique, il semble que la diplomatie de nos alliés se propose d'éviter, à tout prix, de rompre avec elle, à condition de pouvoir compter, demain, sur son amitié. Le philhellénisme semble un élément essentiel de leur programme, malgré tout ce qui se passe en Grèce depuis plus de deux ans. »

Ce langage expliquait pourquoi la Quadruple Entente persistait à ne pas reconnaître officiellement le gouvernement provisoire de Salonique. Il prouvait que, si les puissances protectrices voulaient agir sérieusement, elles devaient se résigner à procéder seules, sans le concours du Cabinet de Rome. Elles parurent s'y décider. A la fin de décembre, le Cabinet de Londres désigna le comte Granville, conseiller de l'ambassade britannique à Paris, « pour représenter le gouvernement de Sa Majesté auprès du gouvernement provisoire de M. Venizélos, à Salonique, avec le titre d'agent diplomatique ». Quelques jours plus tard, le Cabinet de Paris nomma au même poste M. de Billy, conseiller de l'ambassade de France près le Quirinal. Le 31 décembre, les ministres de France, de Grande-Bretagne et de Russie à Athènes, déclarant agir comme représentants des puissances garantes de la Grèce, remirent à M. Zalocostas une note formulant une série de demandes de garanties et de réparations. Les garanties consistaient dans la réduction des forces grecques dans la Grèce continentale « au nombre d'hommes strictement nécessaire pour les services d'ordre et de police » ; dans le transport dans le Péloponèse de l'armement et des munitions en excédent, ainsi que de toutes les mitrailleuses et de toute l'artillerie grecque avec leurs munitions ; dans l'interdiction de toute réunion et de tous les rassemblements de réservistes au nord de l'isthme de Corinthe ; dans l'interdiction à tout civil de porter les armes ; dans le rétablissement des divers contrôles alliés. Comme réparations, les trois puissances exigeaient la remise immédiate en liberté de toutes les personnes détenues pour raisons politiques ou faits connexes, et des indemnités pour les victimes des 1er et 2 décembre (paragraphe 4), la destitution du commandant du 1er corps d'armée, des excuses du gouvernement grec aux ministres alliés, une cérémonie publique d'hommage aux drapeaux alliés, enfin la faculté d'utiliser la route d'Itéa-Larissa pour les transports de troupes ». Aucun délai n'était fixé ; mais le blocus était maintenu « jusqu'à ce que satisfaction ait été accordée sur tous les points indiqués ci-dessus ».

On persévérait donc dans le système des livraisons, transferts et contrôles. On l'aggravait même en le précisant. Dans cette note, où l'on était censé poursuivre le châtiment des abominations des 1er-2 décembre, on offrait une contre-partie à la Grèce : « De leur côté, portait ce document, les puissances garantes prennent envers le gouvernement hellénique l'engagement formel de ne pas permettre aux forces armées du gouvernement de la défense nationale de profiter du retrait des troupes royales de la Thessalie et de l'Epire pour franchir la zone neutre établie d'accord avec le gouvernement grec. » Pour logique qu'il semblât, cet engagement était monstrueux. Il mettait en plein jour le vice radical du système. Sous prétexte d'empêcher les venizélistes de profiter de mouvements de troupes décidés en dehors d'eux, les puissances protectrices consacraient un arrangement provisoire divisant la Grèce en deux parties et protégeant le roi contre le mouvement national. Cela aurait dû rassurer l'Italie. Elle s'abstint pourtant de participer à la démarche commune. Elle fit présenter par le comte Bosdari une note séparée ainsi conçue :

*L'Italie affirme par la présente communication sa solidarité générale avec les Alliés. Elle s'associe aux demandes et aux déclarations contenues dans la note susdite concernant les garanties militaires que les puissances de l'Entente estiment nécessaire d'exiger de la Grèce en vue de la situation actuelle dans les Balkans, ainsi que les réparations que ces mêmes puissances croient leur être dues à la suite des événements du 1er octobre.*

*Pour ce qui concerne les revendications contenues dans le paragraphe 4 de la note des puis-*

*sances garantes, attendu qu'elles touchent à des questions d'ordre intérieur, l'Italie ne croit pas avoir de titre pour y intervenir et déclare se désintéresser de l'examen desdites revendications.*

Les trois puissances protectrices ne maintinrent pas longtemps leur attitude spéciale. Au cours de conférences tenues à Rome pendant les premiers jours de janvier entre les premiers ministres d'Italie, de France, de la Grande-Bretagne et le représentant de la Russie, assistés d'éminents personnages civils et militaires, elles furent saisies d'une dépêche du Cabinet d'Athènes, en date du 6 janvier, soulevant diverses objections contre la note du 31 décembre. Après une discussion dont le public ne connut rien, les quatre gouvernements de l'Entente tombèrent d'accord, le 8 janvier, sur une déclaration commune. Ils posaient en principe qu'ils avaient pour but de mettre l'armée d'Orient à l'abri de toute menace sur son flanc du côté grec. Puis ils fixaient un délai de quinze jours pour l'exécution de l'ultimatum du 31 janvier en spécifiant que si, après acceptation éventuelle, une entrave quelconque était volontairement apportée à l'exécution de cet engagement dans le délai prescrit, ils reprendraient leur liberté d'action pour assurer par leurs propres moyens de terre et de mer la sécurité de leurs nationaux. Malheureusement cette velléité d'énergie était gâtée par un engagement envers Constantin Ier encore plus étendu que celui du 31 décembre. Il était ainsi rédigé :

*Les puissances alliées s'engagent à ne pas permettre que le retrait des troupes grecques dans le Péloponèse soit mis à profit sur terre ou sur mer par les partisans du gouvernement provisoire pour occuper une portion quelconque du territoire grec privé ainsi de tout moyen de résistance.*

*Les puissances alliées s'engagent également à ne laisser s'installer les autorités du gouvernement provisoire dans aucun des territoires actuellement en possession du gouvernement royal qu'elles pourraient se trouver amenées à occuper elles-mêmes temporairement pour des raisons d'ordre militaire.*

Lorsque le baron Schenk fut expulsé d'Athènes avec un lot d'agents de la propagande germa-

nique, il répondit, paraît-il, à un journaliste
américain qui l'interrogeait sur l'avenir : « La
question de savoir si mon œuvre durera en
Grèce dépend des Alliés qui ont été jusqu'ici
mes meilleurs collaborateurs ». Les Alliés continuaient d'être les meilleurs collaborateurs du
baron Schenk.

Ils s'enfoncèrent dans le maquis des négociations. Le 10 janvier, M. Zalocostas répondit
à l'ultimatum du 8 par une note à la fois iro-
nique et semée d'embûches. Il commençait par
prendre acte « avec la plus vive satisfaction »
des « garanties précises » que les puissances
alliées avaient bien voulu donner à la Grèce.
Puis il exprimait son désir de faire « en cette
circonstance encore » ce qui dépendait de lui
pour écarter tout malentendu. Cela posé, il
faisait jaillir de toutes parts les sources de ma-
lentendus. Il disait que, pour être aussi peu
gênantes que possible, les garanties demandées
par les puissances « pourront être déterminées,
dans l'accord qui interviendra, sans comporter
une ingérence dans les différents ressorts de
l'administration ou dans les communications à
l'intérieur du pays ». M. Zalocostas daignait
ensuite retirer une objection sur la remise en

liberté des personnes visées par le paragraphe 4
de la note du 31 décembre. Seulement il demandait en retour la libération « des personnes
détenues pour ne pas avoir accédé au gouvernement révolutionnaire ou à l'occasion de la
conscription forcée opérée par le Comité sédi-
tieux ». Quant aux indemnités aux victimes des
1er et 2 décembre, il se référait à la législation
grecque et proposait une enquête mixte. Ayant
ainsi donné « une marque suprême de ses dispositions sincères », il affirmait que « les conditions pour la levée du blocus pourraient être
considérées comme déjà réalisées. « Enfin, disait le ministre en terminant, tout en appré-
ciant hautement les garanties des gouvernements alliés au sujet du mouvement révolutionnaire qui rassureront la conscience du
peuple hellène, le gouvernement royal exprime
l'espoir que, dans l'esprit qui a inspiré l'engagement que les gouvernements alliés ont voulu
prendre dans l'avant-dernier alinéa de leur
note du 26 décembre 1916-8 janvier 1917, ils
voudront appliquer des mesures analogues aux
territoires actuellement sous l'occupation des
troupes alliées, et notamment aux îles occupées
après le 18 novembre-1er décembre.

Evidemment M. Zalocostas devait se sentir encouragé dans son système d'échappatoires. L'*Idea Nazionale*, journal fort en faveur à la Consulta, écrivait : « Maintenant les Grecs considèrent l'Italie avec des sentiments amicaux et presque avec gratitude. Le gouvernement d'Athènes semble mettre toute sa confiance dans la personne du ministre italien. » Elle traitait d'absurde formalisme et de fiction surannée toute évocation des droits spéciaux des trois puissances garantes. Elle qualifiait d'erreur grave et injustifiée le fait de fonder l'action politique envers la Grèce « sur des traités de protection fossiles, anachroniques ». Après la conférence de Rome, le 10 janvier, elle commentait ainsi les décisions prises : « Il s'agit d'un hommage à l'Italie dont le rôle ne cesse de grandir et d'une reconnaissance de ses intérêts spéciaux en Orient. » La *Stampa*, moniteur de M. Giolitti, disait carrément : « L'Italie est momentanément la vraie puissance protectrice de la Grèce. »

Malgré cette protection, les trois puissances garantes ne pouvaient laisser passer les impertinences de M. Zalocostas. Le 13 janvier, leurs représentants, auxquels se joignit celui d'Italie,

adressèrent au gouvernement d'Athènes une
nouvelle note repoussant toutes les suggestions de M. Zalocostas et insistant sur l'exécution immédiate, sans conditions, des garanties et réparations demandées. Le 16 janvier,
après un Conseil de la Couronne réuni d'ur-
gence, le gouvernement d'Athènes se résigna à
s'incliner. Il déclara « qu'il n'entendait pas
apporter des restrictions à l'acceptation des
demandes formulées par les puissances » et
qu'il « adhérait aux précisions énoncées ». Le
24 janvier, le *Journal officiel* d'Athènes publia
un décret révoquant de ses fonctions le général
Callaris, commandant le 1er corps d'armée.
Le 25, M. Zalocostas adressa aux représentants
de la Quadruple Entente la lettre suivante :
« Conformément à la promesse qu'il a donnée
dans sa réponse à l'ultimatum des gouvernements alliés en date du 28 décembre-8 janvier,
le gouvernement royal présente des excuses
formelles à Leurs Excellences les ministres de
France, de Grande-Bretagne, d'Italie et de
Russie en raison des regrettables événements du
18 novembre-1er décembre 1916. » Le 29, en
présence des ministres et devant des détachements des forces de terre et de mer des quatre

puissances, sur la place du Zappeion, les troupes grecques commandées par un général et le prince André, frère du roi, défilèrent solennellement en saluant les drapeaux alliés. Le même jour, M. Zalocostas informa M. Guillemin que la dissolution des sociétés de réservistes était prononcée et que les autorités judiciaires étaient chargées de l'exécution de cette mesure.

Tel fut le dénouement de ce long duel diplomatique. Nous obtenions quelques satisfactions d'apparence. En fait, Constantin Ier sortait indemne et glorieux du conflit. Sous l'inspiration de ses conseillers occultes, toujours présents, il continua d'éluder l'exécution effective dés garanties acceptées par son gouvernement.

# XVII

## L'acheminement vers la réparation.

À la logomachie diplomatique succéda la guerrilla administrative. Le délai de quinze jours fixé par la déclaration du 8 janvier s'écoula sans que les transports de troupes et de matériel prescrits fussent effectués, sans que les contrôles prévus fussent rétablis, sans que les réparations aux victimes des 1er et 2 décembre fussent accordées. M. Lambros et ses collaborateurs civils et militaires mirent tout leur art à éluder l'exécution des conditions de l'Entente. Les soldats transportés en Péloponèse en repartaient en habits civils ou en permission. Ou bien l'on habillait en gendarmes ceux qu'on voulait retenir au nord de l'isthme de Corinthe, à moins qu'on ne les déguisât en comitadjis. On trichait sur le contenu des caisses d'armes. On enfouissait les armes dans des caches. Informé par les contrôleurs alliés, le général Cauboue, chef du contrôle militaire allié, présentait réclamations sur réclamations. M. Lambros et M. Zalocostas dissimulaient, niaient, protestaient de leur bonne volonté, s'esquivaient et se répandaient en promesses. Pendant ce temps, les journaux royalistes imaginaient calomnies sur calomnies à l'adresse des Alliés. Leur principal argument leur était fourni par la continuation du blocus ; ils proclamaient que l'Entente affamait la population ; ils organisaient des meetings d'indignation, faisaient remettre des suppliques ou des adresses au roi. Afin de ne pas laisser s'égarer l'opinion, les ministres de l'Entente firent publier par les journaux, le 19 février, une déclaration au peuple grec qui résumait la situation :

*Les représentants des Alliés ont déjà appelé l'attention du gouvernement royal sur l'attitude hostile de la presse grecque et sur le danger que ferait courir à la Grèce la persistance d'excita-*

tions et d'attaques souvent fondées sur le mensonge et la calomnie. Par exemple, dans l'affaire du blocus, certains journaux essayent de répandre l'impression que cette mesure est injustement maintenue, la Grèce ayant, disent-ils, tenu tous ses engagements. C'est manifestement inexact. Le contrôle militaire des Alliés ne peut pas prendre la responsabilité de déclarer que les garanties promises ont été données, tant qu'il reste dans la Grèce continentale une grande quantité d'armes dont l'existence est reconnue par le gouvernement grec lui-même, puisqu'il a fixé aux autorités la date où elles doivent être livrées. Le contrôle des Alliés peut d'autant moins consentir à laisser en deçà de l'Isthme ces armes clandestines, qu'elles pourraient être employées par les organisations hostiles qui continuent à exister dans toutes les parties de la Grèce, et particulièrement en Thessalie, où elles constituent une menace permanente pour l'armée d'Orient. D'autres faits graves ont été portés directement à la connaissance du gouvernement grec par le chef du contrôle, par exemple, les travaux de mines exécutés sur les rives du canal de Corinthe. Dans ces conditions, le peuple grec ne doit pas s'étonner que, faute d'une attitude correcte que les Alliés ont le droit d'attendre de la Grèce, les garanties stipulées dans la note du 8 janvier ne puissent pas encore être regardées comme obtenues. Néanmoins, loin d'être indifférentes aux souffrances d'une population innocente, les puissances alliées ont déjà examiné comment elles s'y prendront pour ravitailler la Grèce aussitôt que les circonstances le permettront. En conséquence, les ministres alliés rappellent au gouvernement grec la grave responsabilité qu'il encourrait s'il tolérait plus longtemps les excès de la presse anti-ententiste, qui semble n'avoir d'autre dessein que d'égarer l'opinion grecque et d'empêcher ainsi le rétablissement de bonnes relations entre la Grèce et les puissances alliées.

Cet appel au bon sens provoqua dans la Grèce un redoublement de récriminations et de calomnies. Il se créa même de nouveaux journaux spécialement chargés de dénigrer les Alliés. Or, depuis le 2 décembre, les journaux venizélistes ne paraissaient plus. Le public n'avait pour le renseigner que les organes constantiniens. Il était ainsi maintenu dans un état de fermentation tout à fait anormal. Le Cabinet Lambros en profitait pour opposer aux réclamations des Alliés des fins de non-recevoir ou des contestations de plus en plus irritantes. Le temps s'écoulait sans que la clause comminatoire de la déclaration du 8 janvier fût suivie d'effet. Dans la seconde quinzaine de mars, Sir Francis Elliot, ministre d'Angleterre, et M. Guillemin, ministre de France, quittèrent les cuirassés où ils séjournaient depuis les événements de décembre pour réintégrer leurs légations. Enhardis par l'impunité, les Grecs déguisés en comitadjis se livrèrent à des provocations insultantes et même à des crimes. Une bande de ces individus massacra une patrouille de Sénégalais dans la région de Servia. Usant de représailles, le général Sarrail donna l'ordre de fusiller tous les individus armés appartenant à des bandes irrégulières. L'ordre fut exécuté. Un corps de cavalerie de l'armée de Salonique envoyé dans la vallée de Vistritza découvrit dans le couvent de Zidani (Zidavrion) des armes cachées et des comitadjis armés ; il confisqua les armes et fusilla les comitadjis parmi lesquels se trouvait un officier grec. Ce fut aussitôt un concert de malédictions dans la presse royaliste. On en aura l'idée par cet extrait du *Scrip* du 5 avril :

« Ajax, dans sa folie, égorgea des moutons, croyant égorger ses ennemis. Le général Sarrail égorge des higoumènes, des notaires et des gendarmes, croyant égorger des comitadjis. Et de peur que ce massacre ne donne à penser qu'il n'y a plus de comitadjis et que lui, Sarrail, est désormais inutile, il annonce que ses ordres continueront à être exécutés et que les irréguliers seront fusillés. Est considéré comme irrégulier par ce général tout paysan qui n'abandonne pas sa femme ou sa fille aux « besoins de l'armée », ou qui manifeste sa fidélité à sa patrie et son dévouement à son roi... Le gouvernement grec commettrait la plus grande des fautes en répondant au communiqué du général. Il n'y a qu'une réponse à faire, c'est celle-ci : « Le général en a menti ! » »

La question des indemnités aux venizélistes maltraités ou lésés dans leurs intérêts souleva d'interminables controverses. Après l'arrivée des deux représentants français et anglais à la Commission instituée à cet effet, M. Lambros émit diverses prétentions inacceptables. Puis on feignit de ne trouver aucun local approprié pour le siège de la Commission. On pataugea ensuite dans le maquis de la procédure. Enfin

les journaux ministériels suggérèrent l'idée de
demandes reconventionnelles contre l'Entente ;
par exemple le *Neon Asty* proposa de réclamer
une somme de six millions pour les frais de
transfert des troupes et du matériel de guerre
dans le Péloponèse. Passant franchement à
l'offenssive, les royalistes sommèrent M. Lambros d'épurer le personnel universitaire conta-
miné par le vénizélisme. Ils exprimaient le
regret que le nettoyage n'eût pas été plus com-
plet le 2 décembre. Bannissant ouvertement
désormais l'idée longtemps préconisée, pour
induire l'Entente en erreur, de la possibilité
d'une réconciliation du roi avec M. Vénizélos,
ils repoussaient avec horreur l'éventualité d'un
pareil rapprochement : « Constantin, s'écriait
l'*Acropolis*, a la pureté d'une hostie. »

Ces procédés ne trouvèrent plus à la fin de
l'hiver 1917, en France et en Angleterre, la
même indulgence qu'auparavant. Malgré les
égards des Cabinets de Paris et de Londres
pour les susceptibilités de Constantin I$^{er}$, l'opinion des deux pays se prononçait avec une force
croissante contre la politique d'inertie en
Grèce. Elle trouvait un écho puissant dans les
deux Parlements. Au Palais-Bourbon, l'affaire

grecque fut l'objet de discussions très vives
en comité secret. Sur ces entrefaites, dans la
seconde quinzaine de mars, le Cabinet Briand
se retira. Quoiqu'il n'eût pas été mis en mino-
rité et que la cause immédiate de sa retraite
fût la difficulté de remplacer le ministre de la
guerre démissionnaire, il était certain que son
autorité avait été diminuée par sa manière de
traiter la question grecque. Le Cabinet Ribot,
qui lui succéda, sentit qu'il devait sous ce
rapport des satisfactions à l'opinion publique.
Il ne tarda pas à montrer qu'il entendait régler
définitivement la question. Au même moment
la révolution éclatait en Russie. Après une
semaine ou deux d'incertitude, on constata
que l'abdication forcée de Nicolas II était en
réalité une déchéance et que le tsarisme lui-
même était renversé. Constantin I<sup>er</sup> perdait
dans la Cour de Pétrograd un précieux appui.
Quelques jours plus tard, au commencement
d'avril, les États-Unis intervinrent dans la
conflagration européenne. Le président Wilson
déclara la guerre à l'Allemagne et proclama le
droit des peuples de disposer librement d'eux-
mêmes. Il fulmina contre l'absolutisme et
l'autocratie. Cet anathème eut un profond re-

tentissement dans toute l'Hellade. Le terrain commençait à manquer sous les pieds du venizélistoctone, du roi constitutionnel mué par la grâce de Guillaume II en oint du Seigneur, qui n'a de comptes à rendre qu'à Dieu.

Le 28 mars, deux journaux venizélistes, l'*Hestia* et l'*Ethnos*, reparurent à Athènes. Le 13 avril, ce fut le tour des *Kairi*, le 22 celui de la *Patris*. Les autres suivirent à quelques jours d'intervalle. A la même époque, celles des îles Ioniennes où les Alliés ne s'étaient pas établis adhérèrent l'une après l'autre au gouvernement provisoire de Salonique. Le 7 avril, jour anniversaire de l'indépendance grecque, les ministres de l'Entente ne parurent pas à la cérémonie de la fête nationale, et les vaisseaux alliés, de guerre et de commerce, ne pavoisèrent point. Pour stimuler l'enthousiasme de la foule, les royalistes avaient répandu le bruit que les venizélistes saisiraient l'occasion de la fête nationale pour attenter à la vie du roi et susciter des troubles. Mais tout se passa très tranquillement. Cela n'empêcha point le lendemain les organes constantiniens d'assurer « l'idole vénérée du peuple » qu'elle serait défendue contre tous les attentats. Le *Scrip*, dans un

élan de lyrisme, mit dans la bouche du peuple
cet hymne « au roi martyr » : « Je suis là, Sire,
à tes côtés ! Toi, garde dans tes mains vigou-
reuses la force de l'État et l'honneur de la
patrie. Je soutiendrai, moi, ton trône glorieux.
Aucune puissance au monde ne m'arrachera de
tes pieds, même dans les chaînes, les menottes
aux mains et la double boucle aux chevilles,
même sous la tyrannie de la faim et la menace
de la mort, je continuerai à crier : « Vive le Roi !»

Cette exaltation — largement rémunérée par
la caisse de propagande allemande — fit illu-
sion aux neutres et à quelques personnages de
l'Entente. Elle ne trompa point les observa-
teurs avisés. Un d'eux, M. Charles Frégier,
écrivait d'Athènes, le 15 avril (*Journal des
Débats* du 28 avril) : « Au cours des laborieuses
négociations de ces derniers temps, l'Entente
a entouré le trône de Constantin de garanties
destinées à le maintenir debout, fût-ce contre
le gré de ses sujets ; ces garanties sont peut-
être, à l'heure actuelle, son soutien le plus sûr
Le jour où la logique des choses les abolira
fatalement, où l'Entente se décidera à appuyer
ses amis où qu'ils soient, en Vieille comme en
Nouvelle Grèce, peut-être aura-t-on l'étonne-

ment de voir s'effondrer tout d'un coup ce fameux prestige constantinien, écrasé sous la tâche trop lourde qui lui a été imposée ». Au Quai d'Orsay et au *Foreign Office*, on commençait à penser de même. On s'apercevait qu'au lieu de doser goutte à goutte le concours matériel et moral au gouvernement provisoire accablé de soucis, et de lui créer des difficultés de toute sorte tout en lui fournissant les moyens de vivre, il eût été plus profitable et plus habile de lui faciliter franchement sa tâche. Quels résultats n'eût-on pas obtenus, comme le disait M. Frégier dans la lettre précitée, « si les puissances avaient consacré autant d'efforts à fortifier la Nouvelle Grèce, considérée comme le onzième des États alliés, qu'à retenir la couronne sur la tête de Constantin » ?

# XVIII

## Le troisième ministère Zaïmis, la mission Jonnart, et la chute de Constantin.

Ces réflexions s'imposaient aux esprits sérieux. Le 19 avril, réunis à Saint-Jean-de-Maurienne, MM. Ribot, Lloyd George, Boselli et Sonnino délibérèrent, entre autres sujets, sur les affaires de Grèce. On ne divulgua rien de ce qui fut décidé. Mais, peu de jours après, la Cour d'Athènes manifesta des signes d'inquiétude. Le bruit de la retraite de M. Lambros courut. M. Lambros, simple instrument du roi, n'avait aucune raison spéciale ni aucun désir

de s'en aller. Si le pouvoir le quittait, c'est que
le monarque jugeait opportun de sacrifier ce
ministre aux rancunes présumées de l'Entente.
On parla de M. Zaïmis, redevenu gouverneur
de la Banque nationale, comme futur président
du Conseil. Ces sondages reçurent un accueil
plutôt froid dans la presse française. Le changement de personnes projeté ne nous eût pro-
curé aucune satisfaction. Il n'en fut plus
question pendant quelque temps. Mais une
autre rumeur se propagea. On prêta à Constantin Ier l'intention d'abdiquer en faveur du
diadoque. La presse française observa que la
Grèce ni l'Entente ne gagneraient rien au
change. Comme, depuis le ministère Ribot, la
censure lui laissait un peu plus de liberté, elle
réclama le règlement définitif, radical, de la
question grecque. Elle demandait aux puissances signataires de la déclaration du 8 janvier de reprendre leur liberté d'action conformément à la clause formelle prévoyant cette
éventualité, et d'agir vigoureusement en Attique, ou du moins de laisser le gouvernement
provisoire agir par ses propres moyens en
Thessalie et dans le reste du royaume. Les
articles des journaux de Paris furent très com-

mentés à Athènes. On crut y voir les signes avant-coureurs de mesures graves. Le 1<sup>er</sup> mai, le congrès des colonies helléniques, assemblé à Paris, déclara Constantin I<sup>er</sup> et toute sa dynastie déchus du trône et de leurs prérogatives. En même temps, il « sollicita de la bienveillance des puissances protectrices de ne plus empêcher aucune province d'adhérer librement au gouvernement national de Salonique » et les pria « de reconnaître la République hellénique aussitôt que l'Assemblée constituante l'aura proclamée ». Alors reparut la combinaison Zaïmis. Elle fut adoptée le 3 mai. Après de longs pourparlers, M. Zaïmis consentit à quitter ses fonctions à la Banque nationale pour se charger de nouveau de la présidence du Conseil, avec le portefeuille des affaires étrangères. Presque tous ses collaborateurs étaient des antivenizélistes avérés.

M. Zaïmis n'eut pas une bonne presse. Traité en suspect par les organes royalistes priés pourtant de ne pas jeter le discrédit sur le nouveau Cabinet royal, il fut signalé par la plupart des venizélistes comme un homme de paille. La *Makédonia* le qualifia de « Pilate de la Grèce crucifiée ». En France, on lui témoigna une défiance marquée. Quoiqu'il déclarât que tout son programme se résumait dans le rétablissement de bonnes relations avec l'Entente, on le soupçonna de ne tenir à ces bonnes relations que pour permettre au roi de gagner encore du temps et d'accaparer la récolte de Thessalie au profit exclusif des royalistes. Du reste, le général Dousmanis, le colonel Métaxas, MM. Streit, Mercouris et C$^{ie}$ conservaient le pouvoir, public ou secret, avec la confiance de Constantin I$^{er}$. M. Zaïmis mettait bien tout de suite à la disposition de la Commission des indemnités un local resté jusque-là introuvable. Il annonçait bien des mesures contre les bandes armées parcourant la Thessalie. Il faisait bien aussi publier qu'il allait éloigner d'Athènes sept colonels connus pour leur hostilité contre l'Entente. C'étaient de minces garanties pour celle-ci.

En fait, durant tout le mois de mai, les agents de contrôle du général Cauboue découvraient des armes et des munitions cachées soit dans la capitale même, soit dans la banlieue, soit dans les provinces. Les gendarmes continuaient de s'habiller en comitadjis, et les comitadjis en gendarmes. Les officiers de l'état-

major constantinien élaboraient avec autant
d'application que jamais le plan de coopération avec les Germano-Bulgares pour le jour si
désiré où les soldats de Guillaume II descen-
draient sur Salonique. Dissoute en apparence,
la Ligue des réservistes se reconstituait sous
la direction d'un neveu de M. Gounaris du nom
de Sayas. En réponse à des observations du
ministre de l'intérieur, M. Sayas menaçait le
gouvernement « d'une explosion de la colère
populaire ». A la Ligue des réservistes se substi-
tuait, ou se superposait, sous les auspices de
M. Liviératos, magistrat démissionnaire, une
soi-disant Fédération des syndicats profes-
sionnels et des sociétés populaires. Les royalistes donnaient cette association comme une
réunion de corporations ouvrières. Mais les
véritables fédérations ouvrières protestaient.
MM. Sayas et Liviératos n'en traitaient pas
moins d'égal à égal avec M. Zaïmis. Ils mani-
festaient contre le déplacement des sept colonels.

Ce n'étaient point là les seuls indices d'une
situation dangereuse. Les autorités elles-mêmes
prenaient une attitude provocante. Le 21 mai,
un arrêt de la Chambre des mises en accusa-

tion renvoyait devant la Cour d'assises le directeur et le gérant de la *Patris* pour avoir publié dans ce journal, en 1916, des lettres établissant la part prise, en 1915, au ravitaillement des sous-marins allemands par le député Callimassiotis, ami de M. Gounaris. Le 29 mai, le Conseil de guerre de la marine lançait un mandat d'arrêt contre l'amiral Coundouriotis pour crime de haute trahison. À la fin du même mois, des venizélistes étaient battus et emprisonnés à Égine par des gendarmes. Dans la nuit du 30 au 31, deux officiers anglais étaient l'objet, à Phalère, d'une tentative d'assassinat. Quelques jours plus tard, des officiers français du contrôle militaire, en tournée de perquisition, étaient obligés de rebrousser chemin devant un parti de réservistes. Le *Scrip* accusait les Sénégalais du corps expéditionnaire d'attraper, de tuer et de manger les petits enfants.

En même temps le culte de Constantin Ier devenait une sorte d'idolâtrie. Le 27 mai, à l'occasion du deuxième anniversaire de la guérison du roi par l'icone miraculeuse de la Panaghia de Tinos, on célébra un service d'action de grâces à la Métropole dont l'*Embros* rendit

compte dans les termes suivants : « Lorsque
l'orateur sacré, incomparable par la force logique et l'éclat des images, eut affirmé, d'une
voix tonnante, que le roi Constantin n'était
pas destiné à être détrôné, mais à ceindre le
diadème impérial à Constantinople, lorsqu'il
eut achevé de chanter l'hymne : « Sois vain-
« queur, Auguste et Roi », la foule se précipita
pour baiser les mains du prélat, pendant que
de toutes parts retentissaient ces cris : « A bas
« les tyrans ! Vive notre roi adoré ! » Le 3 juin,
jour de la fête onomastique du roi, une autre
crise de dévotion monarchique saisit les constantiniens. La Fédération ouvrière offrit au
monarque une croix en fer en le priant de la
porter chaque fois qu'il se montrerait aux
troupes le bâton de feldmarschall allemand à la
main. Après le *Te Deum* à la cathédrale, Constantin Ier se rendit à l'Université assister à
l'inauguration de son propre buste. Deux
autres bustes de lui devaient être inaugurés
dans le courant du mois, l'un à la caserne du
7e régiment d'infanterie, l'autre à la Chambre
des députés. Mais le destin réservait à Constantin Ier une autre cérémonie.

Pendant le mois de mai, les Cabinets de

Paris et de Londres s'étaient concertés. Leurs chefs avaient eu de nouvelles entrevues à Paris et à Londres. Assurés de la résignation de l'Italie et comptant sur l'assentiment de la Russie, ils avaient arrêté des mesures radicales. Délibérées en secret, leurs décisions ne furent connues, et en partie seulement, qu'après l'exécution. La principale consistait dans la nomination d'un haut-commissaire chargé, au nom des trois puissances protectrices, de se rendre en Grèce et d'agir sans avoir à en référer aux trois gouvernements, suivant l'opinion qu'il se serait faite sur place. Cette mission avait un double objet : le séquestre de la récolte de Thessalie de telle façon qu'elle profitât à la Grèce tout entière, et le rétablissement du régime constitutionnel. Le choix des moyens appartenait au haut-commissaire sous les ordres de qui l'on plaçait le général commandant le corps expéditionnaire en Macédoine et l'amiral commandant les forces alliées en Méditerranée. Se doutant de la première partie du programme, M. Zaïmis proposa de céder aux Alliés une certaine quantité de la récolte thessalienne. Quant à la seconde partie, le gouvernement d'Athènes ne savait au juste en quoi elle consistait. Mais il se flattait de la faire échouer. Le moment n'est pas venu de dire quels suprêmes efforts furent tentés pour faire avorter l'entreprise des Alliés comme au mois de juin 1916. Cette fois, ils furent vains.

Le mercredi 6 juin, les Athéniens apprirent brusquement l'arrivée dans les eaux grecques de M. Jonnart, sénateur français, revêtu de la qualité de haut-commissaire des puissances protectrices. Puis ils observèrent un grand mouvement de navires de guerre alliés dans la baie de Salamine, dans le golfe Saronique et le golfe de Corinthe. Les royalistes insinuèrent qu'il allait en être de la mission Jonnart comme des démonstrations alliées précédentes. Puis on vit le navire portant le haut-commissaire, après un court arrêt à Salamine, voguer vers Salonique. On ne sut rien de ce qui se dit entre M. Jonnart, M. Venizélos et le général Sarrail. Le 10, M. Jonnart revint à Salamine. Le 11, au matin, la foudre éclata. Dans une entrevue avec M. Zaïmis, à bord du *Bruix*, le haut-commissaire des trois puissances protectrices demanda, en leur nom, dans les 24 heures, l'abdication du roi Constantin et la désignation de son successeur à l'exclusion du diadoque. Le gouvernement grec apprit en même temps que, dans la nuit du 10 au 11, 4.000 soldats alliés avaient occupé l'isthme de Corinthe, que l'armée du général Sarrail était entrée en Thessalie et marchait sur Larisse, et qu'un corps allié de 10.000 hommes était prêt à débarquer au Pirée. Que devinrent alors les dizaines de mille héros qui avaient juré de défendre le roi-idole jusqu'à la dernière goutte de leur sang ? On sonna le tocsin, des braillards parcoururent les rues, mais l'ordre ne fut pas troublé. Que se passa-t-il dans l'esprit de Constantin I$^{er}$ ? Après la réunion d'un Conseil de la Couronne et l'échange d'amères réflexions sur le retour des choses d'ici-bas, il se soumit. Le mardi 12, entre 9 et 10 heures du matin, M. Zaïmis informa M. Jonnart que « Sa Majesté le roi, soucieux, comme toujours, du seul intérêt de la Grèce, a décidé de quitter avec le prince royal le pays, et désigné pour son successeur le prince Alexandre », son second fils.

Constantin I$^{er}$ n'abdiquait pas officiellement, ni son fils aîné non plus. Ils espéraient sans doute être ramenés en Grèce par Guillaume II victorieux. Ils laissaient l'interrègne à un prince complaisant qui leur garderait la couronne, et le pouvoir à un ministre qui soignerait leurs intérêts. Mais ils s'en allaient sans oser se défendre ni se faire défendre. Ils fuyaient devant la tempête, emportant avec eux la malédiction de l'Hellade. Embarqués pour l'Italie, ils n'étaient pas encore parvenus à la villégiature de leur choix que leurs espérances s'effondraient. Tandis qu'ils s'échappaient de Lugano devant les manifestations hostiles du public suisse, M. Venizélos reprenait le chemin d'Athènes. A la suite de brèves discussions le haut commissaire constatait que toutes les combinaisons intermédiaires ne valaient rien et que le mieux était de rendre le pouvoir à M. Venizélos, qui rappellerait la Chambre élue le 13 juin 1915. M. Zaïmis et les royalistes recoururent à des subterfuges désespérés pour détourner ce calice de leurs lèvres. M. Zaïmis recommanda la formation d'un ministère vénizéliste, présidé par M. Ractivan, sans M. Venizélos. Mais, M. Jonnart tint bon. Il appela M. Venizélos qui arriva le 21 et constitua son Cabinet le 27. Le 26, devant des menaces de manifestations, les troupes alliées avaient occupé Athènes. Après avoir publié une proclamation où il se vantait de vouloir suivre les traces glorieuses de son père, Alexandre I<sup>er</sup> dut faire amende honorable et déclarer sa volonté de respecter la Constitution. Acclamé par la foule qui, suivant les mercenaires de la propagande germanique, le haïssait et devait le déchirer, M. Venizélos reprit d'une main plus ferme que jamais, avec un prestige agrandi, la direction de la politique nationale. Les populations de Thessalie accueillirent en libérateurs les soldats de l'armée Sarrail. La Morée se soumit. L'armée, toute l'armée, se rallia au nouveau régime. Le général Dousmanis, le colonel Métaxas, les Mercouris et leurs acolytes se laissèrent docilement embarquer pour la Corse. Tous les foudres de guerre qui intimidaient l'Entente depuis deux ans avec leurs tonnerres s'évanouirent dans le néant.

Il suffit de quelques jours pour opérer ce grand changement. La décision de deux gouvernements, l'énergie et l'habileté d'un homme, la simple présence d'une force armée capable de briser les résistances, eurent raison de l'extravagant étalage de forfanterie d'une clique d'exaltés. On dira plus tard quelles influences paralysantes, quels conseils décourageants, quelles protestations comminatoires rencontra encore le haut-commissaire chez quelques-uns des ministres de la Quadruple Entente, attachés à des systèmes funestes. M. Jonnart bouscula tous ces obstacles. Sa volonté, plus forte et plus lucide, eut finalement raison de toutes les mauvaises volontés.

Les erreurs de 1915 et de 1916 ne sont pas réparées, car les fautes politiques laissent toujours derrière elles quelque chose d'irréparable. Mais l'humiliation du 1er décembre est vengée, le prestige de l'Entente rétabli, la Grèce rendue à ses destinées naturelles, le respect des traités assuré. Il a été prouvé au monde que les puissances protectrices, en collaborant avec le chef du parti libéral à la restauration du régime constitutionnel, n'ont pas — comme le clamaient les Allemands et quelques neutres — commis une violation du droit analogue à l'invasion de la Belgique au mois d'août 1914, mais qu'elles se sont comportées en gardiennes des libertés d'un peuple lié à elles par des traités solennels. Ce qui pouvait se faire en Grèce, au printemps de 1917 a été fait. Mais il reste beaucoup à faire.

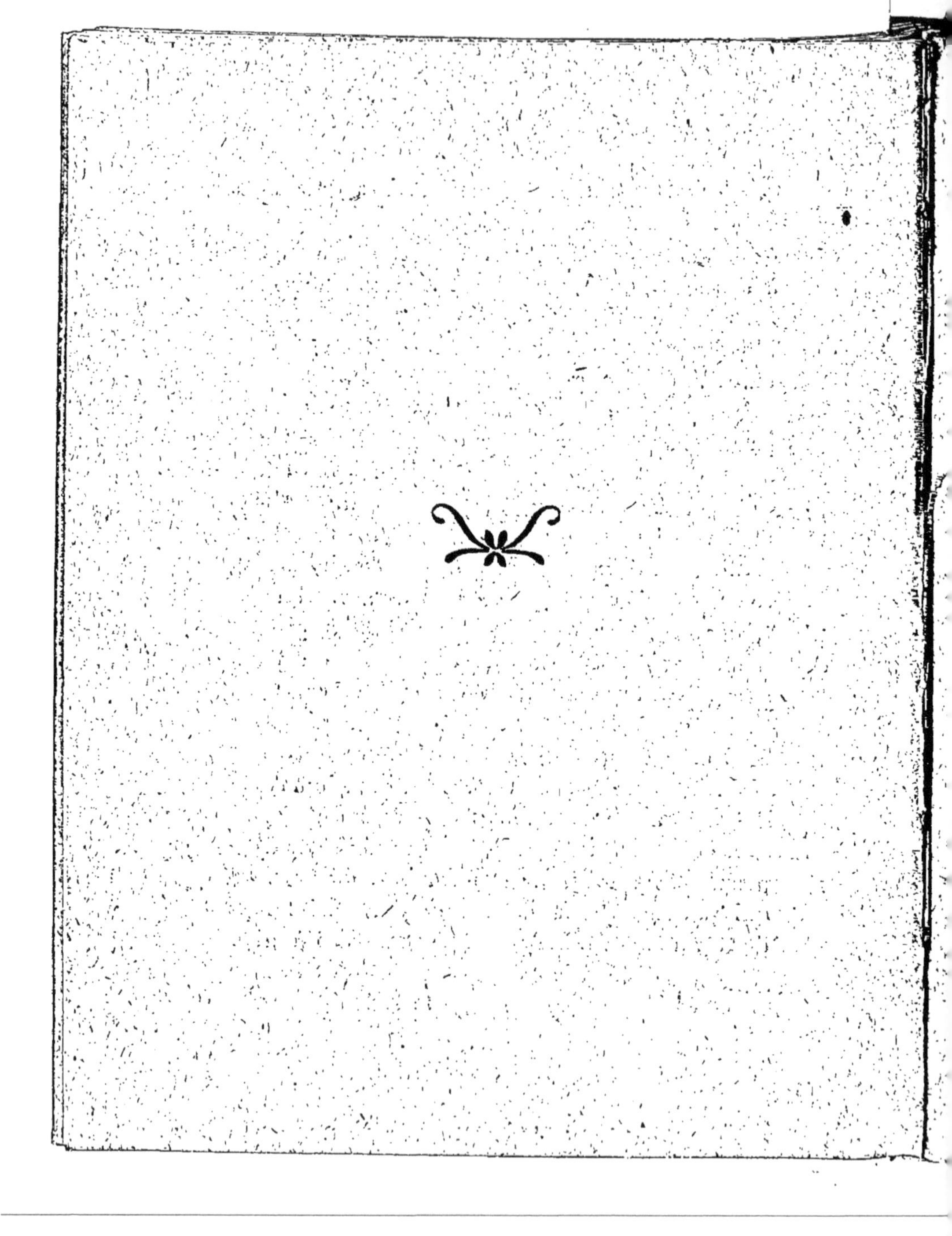

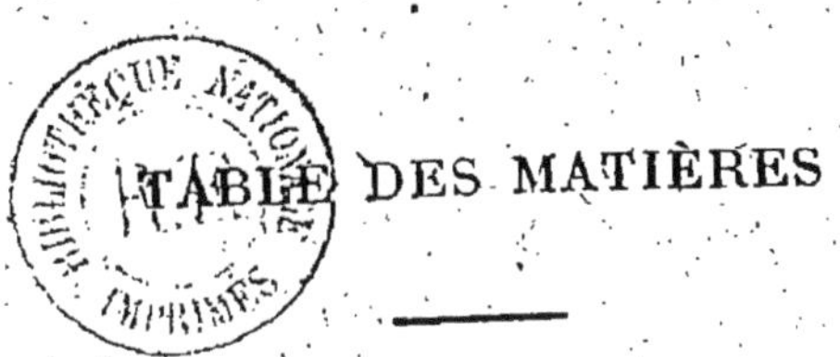

# TABLE DES MATIÈRES